Twitter für Einsteiger

Michael Rajiv Shah

Twitter für Einsteiger

PEARSON

München • Harlow • Amsterdam • Madrid • Boston
San Francisco • Don Mills • Mexico City • Sydney
a part of Pearson plc worldwide

Bibliografische Information der Deutschen Nationalbibliothek

Die Deutsche Nationalbibliothek verzeichnet diese Publikation in der Deutschen Nationalbibliografie; detaillierte bibliografische Daten sind im Internet über *http://dnb.dnb.de* abrufbar.

10 9 8 7 6 5 4 3 2 1

15 14 13

ISBN 978-3-8273-3219-6

Martin-Kollar-Straße 10–12, D-81829 München/Germany

Umschlaggestaltung: Randy Lemaire, Studio Pearson
Lektorat: Boris Karnikowski, bkarnikowski@pearson.de,
Cathrin Schmitt, cschmitt@pearson.de
Korrektorat: Marita Böhm, München
Herstellung: Martha Kürzl-Harrison, mkuerzl@pearson.de
Satz: Gerhard Alfes, mediaService, Siegen, www.mediaservice.tv
Druck und Verarbeitung: Drukarnia Dimograf, Bielsko-Biala
Printed in Poland

Inhaltsverzeichnis

Einleitung

Social Media findet statt. Mit Ihnen oder ohne Sie. Es ist nicht mehr die Frage, ob Sie daran teilnehmen, sondern vielmehr, wie und wo Sie auf welche Art und Weise mitgestalten. Ein kleiner Test genügt, um herauszufinden, ob Sie und/oder Ihr Unternehmen schon dabei sind. Gehen Sie auf Google und suchen Sie nach Ihrem Namen oder dem Ihres Unternehmens.

Bei mir ist es jetzt sieben Jahre her, dass ich in diese neue Welt eingetaucht bin, ohne dass ich mir jemals hätte vorstellen können, wie viel Neues sich für mein berufliches und persönliches Leben daraus entwickeln wird. Es begann 2005 auf einer Plattform, die man heute gar nicht als Social Media bezeichnen würde. Ich lernte meine Frau in einem anonymen Forum kennen. Ob Sie es glauben oder nicht: Wir verliebten uns virtuell und verwendeten bis zu unserem Zusammenleben (ich komme ursprünglich aus Düsseldorf) das soziale Netzwerk XING (ehemals openBC) dazu, unsere Kommunikation über 1000 Kilometer hinweg aufrechtzuerhalten und ein gemeinsames Netzwerk in meiner neuen Heimat Wien aufzubauen. Hätte ich mich nicht neugierig und beinahe zufällig für eine bestimmte Antwort meiner Frau interessiert, wäre ich weder Vater (persönlich) noch Social Media Coach und Berater (beruflich) geworden. Außerdem würden Sie dieses Buch, es ist mein zweites, nicht in den Händen halten können.

Tipp

Social Media (auch Twitter) gibt Neuem die Möglichkeit, real zu werden.

Diese für mich und meine Arbeit essenzielle Erfahrung gebe ich gern in einem kurzen Satz wieder: „Die ganze Kunst des Social Networking besteht darin, virtuellen Werkzeugen die Kraft realen Lebens einzuhauchen.“

Ein paar Grundannahmen, wann dieser Ratgeber das Richtige für Sie sein könnte:

- Sie haben grundsätzlich von Social Media (insbesondere Twitter) gehört und sind beruflich und/oder privat neugierig, wie Sie Twitter für Ihre Belange verwenden können.
- Sie haben schon einen Twitteraccount, aber Ihr Konto liegt aus welchen Gründen auch immer brach, und Sie wollen herausfinden, wie Sie das am effektivsten ändern können.
- Sie wollen Twitter gezielt für ein bestimmtes berufliches oder privates Vorhaben nutzen.
- Sie wollen News aus aller Welt nicht nur früher als alle anderen erhalten, sondern darüber hinaus auch die Möglichkeit nutzen können, direkt mit bekannten Persönlichkeiten aus Wirtschaft, Politik, Ihrer Branche ins Gespräch zu kommen.
- Sie wünschen sich ein soziales Medium, das perfekt für die mobile Nutzung geeignet ist.
- Ihr Unternehmen möchte in Echtzeit mit (potenziellen) Kunden ins Gespräch kommen.
- Effektive Kommunikation mit anderen in Ihren Interessengebieten liegt Ihnen besonders.
- Das Twitterversum als Bindeglied zwischen den anderen großen Netzwerken Facebook, XING, Google+, LinkedIn oder Geolocation Services fasziniert Sie.

Die Ansprache in diesem Buch

Genderkonformität ist heute eine Selbstverständlichkeit. Der Einfachheit und Leserlichkeit halber verzichte ich auf den Zusatz „Innen“.

Zur Handhabung des Buches

Das Buch ist so geschrieben, dass Sie jedes Thema an jeder Stelle ganz nach Ihrem Interesse ohne große Vorkenntnisse beginnen, also als komplettes Nachschlagewerk verwenden können. Die Kapitel enden mit einer Kurzzusammenfassung, die ich „Ihre Take-aways" nenne. Wenn Ihnen das Thema Ziele und Strategie besonders am Herzen liegt, das meiner Auffassung entspricht, sollten Sie hinten beim Twitteralltag (einer Art Summary) beginnen.

Tipp

Unter *http://bit.ly/fit2twitt_Linkliste* finden Sie alle in diesem Buch aufgeführten Links als Webseite. Fragen zu diesem Buch, aber auch alle weiteren Fragen rund um Twitter können Sie immer an den speziell für dieses Buch eingerichteten Twitteraccount *http://twitter.com/fit_2_twitt* richten. Ich antworte schnellstmöglich.

Zum Abschluss noch etwas ganz besonders Wichtiges: Social Media haben eine enorme Geschwindigkeit. Schon bei Drucklegung meines ersten Buches „Die besten Erfolgsstrategien im Business-Networking mit XING und LinkedIn" war das eine oder andere technische Detail obsolet. Um diese permanente Veränderung zu verdeutlichen, habe ich mich diesmal dazu entschieden, den Veränderungsprozess während des Schreibens zu dokumentieren und Ihnen damit die technisch wichtigste Information ans Herz zu legen:

Achtung

Wenn Sie sich auf Social Media einlassen, dann bedenken Sie: Sicher ist nur, dass nichts dauerhaft sicher ist! Auf die Entwicklung von Social-Media-Plattformen haben wir als Nutzer nur in äußerst seltenen Fällen Einfluss.

Das heißt, der einzige Ort, an dem Sie oder Ihr Unternehmen eine relativ hohe Kontroll- und Steuermöglichkeit haben, ist Ihre Webpräsenz oder Ihr Blog. Unter Berücksichtigung dieser Planungssicherheit sollten Sie dort den größten Teil Ihrer Ressourcen investieren und Twitter sowie alle anderen Netzwerkanbieter auch lediglich als Filialen Ihrer eigenen Zentrale betrachten (siehe auch Kapitel 2.1.2 „Das Twitterprofil").

Ich möchte an dieser Stelle besonders meinem Geschäftspartner Heinz W. Warnemann @Netzwerkpilot danken, da ich ohne Heinz, der das Buch „XING für Einsteiger" geschrieben hat, den Sinn von Twitter niemals verstanden hätte.

Michael Rajiv Shah
@networkfindercc

1

Vom Bloggen zum Microblogging

Anders als normale Webseiten oder Portale, bei denen es sich zumeist um statische Internetauftritte mit strukturell festgelegtem Inhalt handelt, sind Blogs chronologisch aufgebaut. Diejenigen unter Ihnen, die „Raumschiff Enterprise" noch kennen, erinnern sich: „Dies ist das Logbuch der USS Enterprise, wir schreiben das Jahr ..." Das Wort Weblog setzt sich aus Web und Logbuch zusammen. Aus Weblog wurde Blog. Der Unterschied zu einer statischen Webseite ist die chronologische Fortschreibung von Inhalten. Etwa Mitte der 90er-Jahre begann sich diese Form internetbasierter Onlinetagebücher zu verbreiten.

Ein Twitteraccount ist ein Miniblogformat, in dem Sie maximal 140 Zeichen schreiben können. Aufgrund der Vernetzung mit anderen Microbloggern (des Folgens) vermischen sich Ihre Microblogmeldungen mit denen, denen Sie folgen. Die daraus entstehende Zusammenfassung aller Nachrichten, denen Sie folgen, nennt man Timeline. Sie können sich sicher vorstellen, dass allein aufgrund der Kürze die Geschwindigkeit, in der sich die Einzelinformation verbreitet, viel höher ist als bei einem Blog (Tagebuchbeitrag), in dem Menschen beruflich oder privat motiviert wiedergeben, was sie bewegt.

Abbildung 1.1: *Die Timeline ist die chronologische Abfolge aller Nachrichten, denen Sie folgen.*

Hinweis

Das Sprichwort „In der Kürze liegt die Würze" bekommt bei Twitter eine besondere Bedeutung.

1.1 Was Twitter kann und nicht

Um diese Frage zu beantworten, machen wir einen Ausflug in die Geschichte des heute zweitgrößten „Netzwerks" der westlichen Welt. Im Jahr 2006 fanden sich drei Entwickler des amerikanischen Podcastingunternehmens Odeo zusammen, um auf der Basis der Idee von Jack Dorsey ein System für die interne Unternehmenskommunikation zu entwickeln. Übrigens arbeitete auch der deutsche Auftragsentwickler Florian Weber (@csshsh) daran mit. Jack Dorsey war fasziniert von dem Gedanken, sogenanntes Instant Messaging (Chat) mit seiner Vorliebe für das Bloggen zu kombinieren und dies im Internet verfügbar zu machen. Der eigentliche Siegeszug begann ein Jahr später, als das damals noch als *twttr* bezeichnete Projekt den South by Southwest Award in der Kategorie „Blogs" gewann.

Zu dieser Zeit sendete man Tweets per SMS, sodass eine Webseite diese veröffentlichte. Der Award selbst war nicht der eigentliche zündende Funke, wie Nicole Simon @NicoleSimon und Nikolaus Bernhardt es in einem der ersten Twitterbücher auf Deutsch aus dem Jahr 2008 nannten. Der eigentliche Ersterfolg lag in der Annahme der webaffinen Community, die *twttr* bereits während der Konferenz begeistert einsetzte. Damit kennen Sie schon einen der allerwichtigsten USPs (Unique Selling Propositions) von Twitter: Echtzeitkommunikation und Berichterstattung (livejournaling).

Exkurs

Das bisher weltbewegendste Ereignis, an dem Twitter maßgeblich beteiligt war, war der sogenannte Arabische Frühling. Wenn Sie 3 Minuten und 38 Sekunden Zeit und Muße investieren wollen, empfehle ich Ihnen, sich das YouTube-Video *http://bit.ly/Twitter_ArabischerFruehling* anzusehen. Es zeigt sehr eindrücklich die virale (schneeballartige) Wirkung dieser Echtzeitkommunikation im Rahmen der ägyptischen „Revolution" durch Visualisierung der Tweetinteraktion.

Ein weiterer Meilenstein für Twitter, aber auch für Social Media generell, war @BarackObama's erster Präsidentschaftswahlkampf, in dem Obamas Team die wahlentscheidende Unterstützung aus Twitter, Facebook und anderen Social Networks erhielt. Zufällig konnte ich als Facebook Ambassador for Humanity am Rande beobachten, wie alte „Grassroot"-Organisatoren an dieser Unterstützung für Obama auf Facebook arbeiteten.

Ausgehend von dieser Ursprungsidee hielten die Twitterentwickler die API (Schnittstelle zu den Daten) so offen, dass ein weiterer Effekt Twitter zu dem machen konnte, was es heute sechs Jahre nach dem Launch ist. Hunderte, wenn nicht Tausende Entwickler programmierten eigene Software, die aus dem schlichten 140-Zeichen-Short-Message-System (SMS) ein Twitterversum an Applikationen entstehen ließ. Der Fantasie der Techniker waren keine Grenzen gesetzt. In Kapitel 4 finden Sie das Twitterversum in für Sie nötiger Tiefe erläutert. Hier ein kleiner Überblick, der gleichzeitig die Begrenztheit der Twitterwelt gegenüber anderen Social-Media-Plattformen aufzeigt:

- Twitterclients (Services, über die Sie twittern und mehrere Accounts verwalten können)
- URL-Kürzer (aufgrund der Kürze wurden Dienste nötig, die lange Weblinks verkürzen)
- RSS-Feeds (automatisierte Einbindung von Info-Feeds – ähnlich dem Börsenticker)
- Umfragewerkzeuge
- Monitoringwerkzeuge (Überwachung, Alerts von Themen, Schlüsselwörtern, Accounts)
- Suchmaschinenfunktionen (Themensuche)
- Kuratierwerkzeuge (stellen ausgewählte Themeninhalte zusammen, z.B. Darstellung der Konferenzberichterstattung auf dem zentralen Monitor der Veranstaltung)
- Moderationswerkzeuge
- Webbuttons zur Einbindung von Twitterstreams auf Webseiten
- Fotodienste (zum Upload von Fotos, für die Twitter keinen Speicherort bietet)
- mehr als 140 Zeichendienste (um längere Nachrichten senden zu können)
- CRM-Werkzeuge (Contact-Relationship-Management-Systeme zur Listenverwaltung)

Aufgrund der inhaltlichen Reduzierung auf 140 Zeichen ist Twitter darauf angewiesen, diese Schwäche durch Zusatzwerkzeuge auszugleichen. Trotz einer Werkzeugvielfalt von Abertausenden Tools ist und bleibt Twitter für visuelle Informationen (noch) das falsche Medium.

Fazit: Sie können Twitter für jede Art der Informationsverbreitung und Kommunikation nutzen. Ihrer Fantasie sind da ebenso wenig Grenzen gesetzt wie den Entwicklern des Twitterversums, wie man das um die API entstandene „Ökosystem" nennt. Die einzige Voraussetzung dafür ist die Frage, ob Ihre Zielgruppe, also Zuhörer, vorhanden ist.

1.2 Die Twitterati oder wer nutzt Twitter überhaupt?

Dies ist eine der entscheidenden Fragen, die Sie sich vor dem Einstieg in welches Social-Media-Netzwerk auch immer als Allerererstes stellen sollten. Wer ist wo? Ist meine Zielgruppe da, wo ich bin bzw. mein Unternehmen beabsichtigt, aktiv zu werden? Mehr dazu und wie Sie eine auf Ihre Situation bezogene relevante Antwort erhalten können, das erfahren Sie in Kapitel 5 „Twitteralltag".

Tipp

Grobe Faustformel zum Vergleich USA und Europa (insbesondere Deutschland/Österreich/Schweiz): Themen, die in den USA stark sind, brauchen ca. fünf Jahre, bis „germanisch" sozialisierte Länder sie in ähnlicher Massenfähigkeit annehmen.

- Facebook-Gründung 2003 – der Durchbruch in D/A/CH erfolgte 2008.
- LinkedIn-Gründung 2004 – die deutschsprachige Variante gibt es seit 2009.
- Twitter-Gründung 2006 – der Durchbruch ist meiner Beobachtung nach in D/A/CH noch immer nicht erfolgt.

Die Nutzung aller Social-Media-Plattformen weicht in der einen Region zum Teil sehr stark von anderen ab. Die meisten Daten, die dazu veröffentlicht werden – wenn Sie auf Google-Suche gehen –, stammen aus dem angelsächsischen Sprachraum.

Weltweit gibt es derzeit ca. 600 Millionen Tweeps = Zwitscherer (abgeleitet von „zwitschern"). Aufgrund von Übersetzungsschwierigkeiten existiert bei uns auch nach sechs Jahren noch immer kein einheitliches Wort für diejenigen, die zwitschern. Manche sagen Twitterer, andere nehmen das Original Tweeps, wieder andere sagen Twitterati. Letztgenannte Bezeichnung werde ich auch in diesem Buch verwenden.

Wer von Ihnen schon einmal das YouTube-Video „Social Media Revolution" (deutsche Version von 2009, weil diese zeigt, was sich in den letzten drei Jahren darüber hinaus getan hat, *http://bit.ly/SocialMediaRevolution_2009*) gesehen hat, weiß, dass die weltweit größten Twitteraccounts von Promis wie Britney Spears, Ashton Kutcher, dem Dalai Lama und Barack Obama stammen, um nur ein paar Beispiele zu nennen. Die Eröffnung des offiziellen Dalai-Lama-Accounts bekam ich übrigens mit. Innerhalb von 24 Stunden hatte Seine Heiligkeit gut eine Million Follower

Abbildung 1.2: *Offizieller Barack-Obama-Twitteraccount @BarackObama*

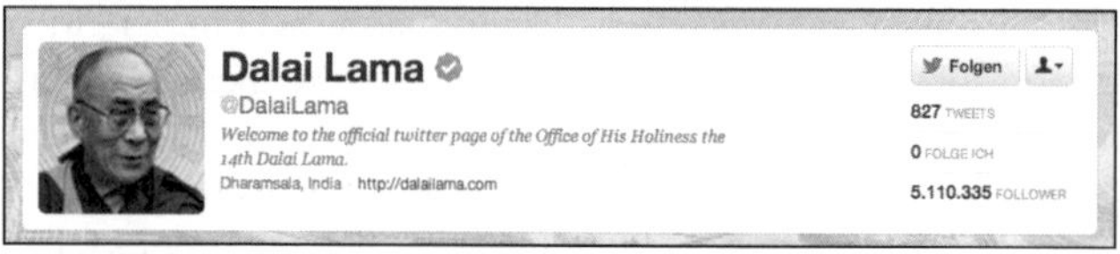

Abbildung 1.3: *Offizieller Dalai-Lama-Twitteraccount @DalaiLama*

In unseren „germanischen“ Breiten haben wir keine so ausschweifende Promikultur wie die Amerikaner und auch wenige Prominente, die jemals eine solche Reichweite erzielen könnten. Laut einer Statistik bei Thomas Pfeiffer @codeispoetry gab es im März 2012 595.000 deutschsprachige Twitterkonten. Leider gibt es keine sicheren Erkenntnisse und Daten, wie groß die heutige Gesamtanzahl deutschsprachiger Twitterkonten ist (siehe: *http://bit.ly/SocialMediaStatistik_TwitterDE*).

Auch wenn ich in den Kapiteln 3 und 5 intensiver auf das Thema Followeraufbau zu sprechen kommen werde, möchte ich an dieser Stelle kurz erläutern, warum solche Rankings und Auflistungen von Influencern (Followern mit Einfluss) wichtig für Sie sein können. Eine koreanische Studie aus dem Jahr 2010 ergab Folgendes:

Während die Anzahl der Follower für die Popularität eines Accounts spricht, zeigt die Anzahl der RTs (Weiterleitungen von Tweets) den Wert der Inhalte eines Accounts an. Dabei sticht ins Auge, dass die populärsten Twitterati Prominente sind, die in 1:1-Kommunikation mit ihren Anhängern stehen. Die inhaltlich populärsten hingegen sind vor allem Presseorgane. Eine weitere Gruppe stellen sogenannte „Evangelisten“ dar, die inhaltlichen Stars der jeweiligen Szene, die hauptsächlich durch Mentions (@Twittername = Erwähnungen) hervortraten.

Mithilfe solcher Rankings können Sie diese drei Gruppen am besten finden. Denn eines ist klar: Wenn Sie mit ihnen in Kontakt kommen und direkt kommunizieren, ist die Aussicht auf Popularität Ihrer eigenen Twitteraktivitäten besser.

Die österreichische Social-Media-Statistikseite *www.socialmediaradar.at* der Social-Media-Agentur Digital Affairs identifizierte im September 2012 ca. 95.000 österreichische Accounts, von denen 53.000 aktiv sind, 34.000 schreiben und knapp 16.000 nur lesen.

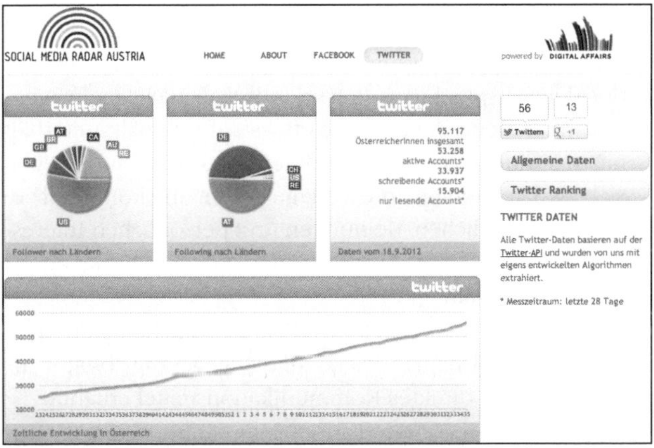

Abbildung 1.4: *Website Socialmediaradar.at von Digital Affairs @digitalaffairs*

Will man diese in Gruppen kategorisieren, könnte man es mit folgender Einteilung versuchen:

- Reine Twitterer = Menschen, die Twitter dazu benutzen, wozu es geschaffen wurde: Sie teilen mit, was sie gerade machen. Das ist ja auch die Frage, die Twitter bei der Eingabe Ihrer Statusmeldung stellt. Sie werden in dieser Gruppe eher selten Informationslinks finden, auch selten eine große Followeranzahl, es sei denn, Sie haben sich auf etwas Besonderes spezialisiert, wie z.B. Zitate oder kreative Phrasen. Spaß am Tun steht im Vordergrund.

- Geeks, Blogger, Internetaffine finden Sie in allen (hier nur grob strukturierten) Twitteratigruppen. Sie nutzen Twitter als Microblog, Interaktion mit ihrem Netzwerk und Möglichkeit der Verbreitung ihrer eigenen Blogbeiträge und der anderer Blogger über Twitter.
- Presse und Journalisten: Heutzutage ist Twitter auch aus der deutschsprachigen Presselandschaft nicht mehr wegzudenken. Jede Zeitung, die etwas auf sich hält, unterhält einen Twitteraccount. Akkreditierte Journalisten bewegen sich als Satelliten um ihre Verlage herum und kommunizieren ihre beruflichen Meinungen und persönlichen Interessen. Nie gab es einen einfacheren Face-to-Face-Zugang zur Presselandschaft.
- Politik, politische Vertreter, NGOs, aber auch Regierungen haben dank Obamas Social-Media-Siegeszug Twitter als schnelles und direktes Kommunikationsmittel erkannt.
- Organisationen, Verbände und Unternehmen nutzen Twitter als Support-, Corporate-Communication-, Vertriebs-, Human-Resourcing- und Interaktionskanal.
- Internetmarketer (Produkt- und Contentvermarkter)

Wie auch bei den meisten anderen Plattformen sind die Twitterati eine heterogene Gemeinschaft. Es ist an Ihnen, herauszufinden, ob Ihre Themen oder Ihr Netzwerk *da* sind, *wo* Sie Ihre Ressourcen zu investieren beabsichtigen. In Österreich –

meiner Wahlheimat – finden Sie unter *http://socialmediaradar.at/twitter_charts_followers_AT.php* ein monatlich aktualisiertes Ranking der Top 500 der Twitterati. Das Besondere an diesem Ranking – wir kommen noch später generell auf Rankings zu sprechen – ist die regionale Bewertung. Das heißt, die Twitterkonten werden nach quantitativer Anzahl österreichischer Follower sortiert. Es wird von Österreichs Zib2-Sprecher (dem Pendant zur Tagesschau) @ArminWolff angeführt. Ähnlich wie im deutschen Topranking finden Sie Presse, Journalisten, Politiker und Social Media Geeks unter den stärksten Accounts.

1.3 Worin unterscheidet sich Twitter von anderen?

Die größten Vorteile von Twitter gegenüber den anderen wichtigen Netzwerken sind Geschwindigkeit, Kürze, leichteste Zugangsmöglichkeiten, Themenkommunikation und eine nahezu unendliche Vielfalt an zusätzlichen Applikationen und Clients.

- Twitter ist die Plattform der schnellsten (internationalen) Informationsverbreitung.
- Mit Twitter hat man die Möglichkeit, Menschen zu erreichen, die im Normalfall unerreichbar sind (z.B. Prominente und Journalisten).
- Twitter eignet sich perfekt für Echtzeitkommunikation.
- Twitter ist sehr gut geeignet, um sich über Themen zu informieren.
- Twitter ist sehr gut geeignet, um sich über Themen zu vernetzen.

- Auf Twitter kann man, ohne vernetzt sein zu müssen, kommunizieren und Informationen von anderen erhalten. Dadurch besteht auf Twitter auch eine gewisse Unverbindlichkeit.
- Twitter eignet sich hervorragend als Networking-Instrument.
- Twitter kann als Bindeglied zwischen den unterschiedlichen Plattformen fungieren.
- Im Gegensatz zu Facebook und Google+ bietet Twitter erst seit Kurzem sichtbare visuelle Bestandteile. Es bedarf also immer mindestens eines Klicks auf einen Link oder der Öffnung eines Tweets, um visuelle Bestandteile zu sehen.
- Im Gegensatz zu XING, LinkedIn und Facebook sind die Kontakte weniger verbindlich, weil hier ebenso wie bei Google+ ein Follower- und kein Kontaktprinzip herrscht. Allerdings bieten auch Facebook, XING & LinkedIn nur Followoptionen an, wenn diese vom Accountinhaber freigeschaltet werden. Dafür können Sie wie bei Facebook und Google+ Inhalte über Listen verfolgen.

Abbildung 1.5: *Die wichtigsten Unterschiede der Plattformen*

- Twitter bietet keine Gruppen oder die Möglichkeit, Nachrichten nur für bestimmte Followergruppen sichtbar zu machen, was bei Facebook und Google+ eine Selbstverständlichkeit über die Freundeslisten und Kreise ist.

Hinweis

Ihre Take-aways:

- Twitter ist das Echtzeit-Kommunikationswerkzeug in Social Media.
- Twitter unterscheidet sich von anderen Plattformen durch wenig visuelle Möglichkeiten.
- Auf Twitter ist die Information früher als in „normalen" Medien, weil es besonders auf mobile Nutzung ausgelegt ist.

2

Pimp your Twitterprofil

In diesem Kapitel gehen wir Schritt für Schritt durch den kompletten Prozess bis zu Ihrem ersten Twitteraccount. Auch für schon bestehende Twitterkonten werden Sie Tipps und Anregungen zum Aufpeppen Ihres Schaufensters in der Twitterwelt finden.

Hinweis

Warum Schaufenster? In meinem ersten Buch zum Thema Business-Networking beschreibe ich Netzwerke als virtuellen Raum, in dem wir uns bewegen. Stellen Sie sich vor, die Twitterwelt, aber auch Facebook, XING, LinkedIn & Co. wären Verbrauchermessen, Einkaufszentren oder eine Einkaufsstraße in Ihrer Stadt. Stellen Sie sich weiter vor, dass Sie durch diesen Raum gehen und vor einem Schaufenster stehen bleiben, weil Sie etwas Bestimmtes angesprochen hat oder Sie sich zuvor in den Gelben Seiten über etwas informiert haben. Dann haben Sie ein besseres Bild von der Bedeutung der Inhalte, die Sie in einem Twitteraccount finden, aber auch davon, warum es wichtig ist, ein solches Schaufenster zu verstehen und nachfolgend für diejenigen, die vor Ihrem Twitterschaufenster „stehen bleiben" sollen, zu gestalten.

Da man die komplette Palette der Funktionen der Twitter-Webanwendung erst nach dem Einloggen sieht, schauen wir zunächst auf das Schaufenster des noch „jungfräulichen" Beispielkontos für dieses Buch und gehen die für jeden öffentlich sichtbaren Bestandteile durch. Zu diesem Zeitpunkt ist das Konto noch geschützt, sodass Followeranfragen freigeschaltet werden müssen. Tweets geschützer Twitterkonten sind nur für Follower sichtbar.

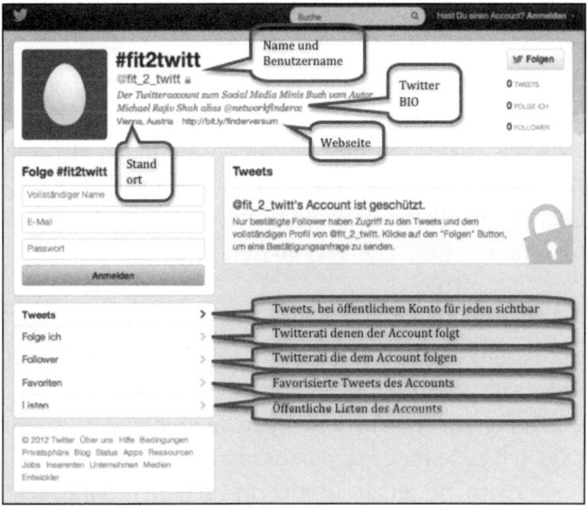

Abbildung 2.1: *Öffentliche Ansicht eines geschützten Twitterkontos*

Tipp

Bevor Sie mit Ihrem Konto online gehen empfehle ich, geschützt zu arbeiten. Ob Sie Ihr Konto generell öffentlich führen, ist von Ihren Zielen, der Kommunikation und dem Thema abhängig, dazu mehr in Kapitel 5.

- *Name*: Freitext mit max. 20 Zeichen.
- *Benutzername*: ist gleichzeitig die URL mit max. 15 Zeichen.
- Die *Twitter BIO*: ist mit beiden zuerst genannten Namen die wichtigste Information zum Gefundenwerden und

höchst relevant für die Suchmaschinen, max. 160 Zeichendienste.

- Der *Standort*: ist für die regionale Zuordnung bzw. das Finden und Gefundenwerden wichtig.
- Über diesen Feldern in der Menüleiste befinden sich die normale Suchmaske und das Feld zum Anmelden bei einem bereits bestehenden Twitterkonto.
- Der darunter befindliche *Follow*-Button ist nur im eingeloggten Zustand aktiv.
- *Tweets* zeigt die Menge der Tweets an, wenn Sie darauf klicken, bekommen Sie die Tweets chronologisch angezeigt (befindet sich zusätzlich im linken Menü der Website).
- *Folge ich* zeigt die Anzahl derjenigen an, denen der Twitterati folgt. Ich gebe Ihnen durchaus recht, wenn Sie meinen, dass es verwirrt, bei jemand anderem auf dem Profil zu sein und „Folge ich" zu lesen. Bei einem Klick darauf werden diese aufgelistet angezeigt (befindet sich zusätzlich im linken Menü der Website).
- *Follower* zeigt die Anzahl der Follower des jeweiligen Twitterati; bei beinem Klick darauf werden diese aufgelistet angezeigt (befindet sich zusätzlich im linken Menü der Website).
- *Favoriten* zeigt favorisierte Tweets an.
- *Listen* zeigt maximal 20 Listen des Twitterati. Sie sehen aber auch die Listen, zu denen der Twitterati hinzugefügt wurde.

Wie schon im ersten Kapitel erwähnt, war Twitter von Anfang an aufgrund seiner Reduzierung auf 140 Zeichen Information eine mobile Plattform. Zur Erinnerung: Technisch gesehen, wurden in den Anfängen SMS an Twitter gesendet, die dann auf der Twitterseite veröffentlicht wurden. Die SMS als Zugang zu Twitter hat zwar an Bedeutung verloren, dafür aber bleibt die mobile Betonung bestehen. Sie sagt auch einiges über die bevorzugte Nutzergruppe aus (siehe auch Kapitel 4.1 „Twitterclients“).

Ein öffentliches „Twitterschaufenster“ unterscheidet sich ausschließlich durch die Sichtbarkeit der Tweets und der gegebenenfalls getwitterten Fotos, wie Sie in Abbildung 2.2 sehen können, die den Twitter-Themenaccount von @xingfinder zeigt.

Abbildung 2.2: *Tweets eines öffentlichen Twitterkontos*

Wie Sie in der Abbildung sehen können, bietet Twitter schon an dieser Stelle die Möglichkeit, sich mit einem neuen Konto anzumelden. Für ein bereits bestehendes Konto melden Sie sich in der Twittermenüleiste an.

2.1 Ihr Twitterkonto einrichten

Wenn Sie auf die Twitterseite *http://twitter.com* gehen, um Ihr Konto zu erstellen, erscheint zunächst die Grundmaske für die Mindestdaten zum Twittereinstieg.

Nachdem Sie Ihren Namen (max. 20 Zeichen), eine gültige E-Mail-Adresse und ein Passwort eingetragen haben, kommen Sie zum nächsten Schritt. An dieser Stelle sehen Sie übrigens, dass man Sie duzt, was im amerikanischen Kontext typisch ist. Mich persönlich als Business-to-Business(B2B)-verwurzelter Mensch machte dies zunächst stutzig.

Abbildung 2.3: *Twitter-Anmeldemaske*

Achtung

Jeder Twitteraccount wird auf Basis einer E-Mail-Adresse erstellt. Für jedes weitere Konto brauchen Sie eine neue E-Mail-Adresse, da jede nur einmal verwendbar ist!

Schon an der vierten Position sind Sie bei der wichtigsten Frage angelangt, die es zu beantworten gilt: der Frage nach dem Nutzernamen Ihres ersten Twitterkontos. Denn Ihr Benutzername erfüllt gleich mehrere Funktionen und hat nicht nur unmittelbaren Einfluss auf den Erfolg Ihrer Aktivitäten, sondern ist zudem noch von Twitter eingeschränkt. Neben der Tatsache, dass der Benutzername Teil Ihrer Twitterwebseite wird, ist er zugleich Ihr Weblink und wirkt sich unmittelbar auf die Suchmaschinen, aber auch auf die Identifizierung mit Ihnen persönlich oder Ihrem Unternehmen aus.

1. Der Benutzername darf maximal 15 Zeichen lang sein.
2. Er kann neben Groß- und Kleinbuchstaben Ziffern und Unterstriche enthalten. Allerdings wird, technisch gesehen, zwischen Groß- und Kleinschreibung nicht unterschieden.
3. Er ist nicht identisch mit dem Namen (max. 20 Zeichen), den Sie zusätzlich festlegen können.

Es wird unterschiedliche Besucher Ihres Twitterschaufensters geben. Die einen werden gezielt nach Ihrem echten Namen suchen und ihn entweder über den Benutzernamen oder den separat eingebbaren Echt- oder Fantasienamen finden. Das heißt, dass Sie bei einem über 15 Zeichen hinausgehenden oder einem Namen mit Umlauten trotz anders lautendem Benutzernamen gefunden werden können. Die anderen suchen nach einem Thema. Durch eine geschickte Kombination können Sie bestenfalls beide Gruppen erreichen.

Abbildung 2.4: *Wenn Benutzername und Name voneinander abweichen, findet die Twittersuche trotzdem den Gesuchten.*

Die eigentlich wichtigste Frage hat nichts mit den technischen Erfordernissen zu tun, sondern mit Ihrem Ziel. Ihr Schaufenster ist die öffentliche „Auslage" Ihrer Person, Ihres Unternehmens, einer Marke, Ihrer thematischen Idee, Ihres Kommunikationsthemas oder auch einer Kunstfigur. Der Benutzername wird somit zur wichtigsten Visitenkarte auf Twitter, weil er mit jedem Tweet gesendet wird. Wenn es ein Unternehmens- oder Markenaccount ist, stellt sich auch die Frage, ob Sie dazu befugt sind, allein eine Entscheidung zu fällen, bzw. generell dazu berechtigt sind, einen vielleicht anderweitig geschützten Benutzernamen zu verwenden.

Hinzu kommt ein weiterer Punkt. Je kürzer der Benutzername, desto besser ist es für die Kommunikation und Interaktion Ihres Netzwerks. Stellen Sie sich beim Tippen auf Ihrem Mobiltelefon den Unterschied zwischen @fuenfzehntipps und @15tipps vor. Kreativität ist angesagt. Lassen Sie sich ruhig ein wenig Zeit und spielen Sie mit den Möglichkeiten. Brainstormen Sie mit Leuten, die Ihre Idee kennen, und denken Sie dabei immer an diejenigen, von denen Sie gelesen werden wollen bzw. mit denen Sie zu kommunizieren beabsichtigen.

Es kann auch sein, dass Ihr persönlicher oder gewünschter Benutzername schon vergeben ist. Da Twitter dies relativ egal ist, haben Sie wenig Möglichkeiten, Ihren gewünschten Benutzernamen zu bekommen. Allerdings weiß ich in meinem direkten Umfeld von zwei Agenturen, die sich bei der Twitterzentrale durchsetzen konnten, weil sie den Nachweis erbrachten, dass der Name urheberrechtlich bzw. patentrechtlich geschützt ist.

Im Falle des Musterkontos hatte ich schon vor einem Jahr für einen Workshop die Idee, ihn Fitter mit Twitter oder aber auch Fit to Twitt zu nennen. Der erste Name ging nicht, da Twitter die Verwendung seines Namens nicht erlaubt. Statt @fit_2_twitt wäre @fit2twitt besser gewesen, weil kürzer, doch dieser Name war schon vergeben. Also gingen zur Not auch die Unterstriche.

Abbildung 2.5: *Twitter prüft während der Eingabe die Verfügbarkeit*

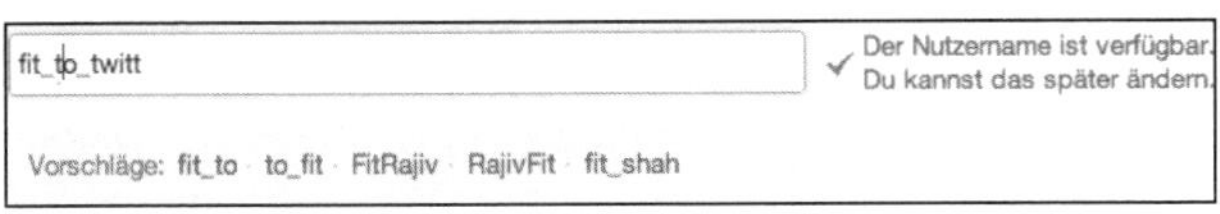

Abbildung 2.6: *Twitter zeigt an, ob und welcher Benutzername verfügbar ist.*

Das Passwort sollte mindestens sechs Zeichen lang sein. Die E-Mail-Adresse gilt nur für einen Twitteraccount. Frühere Sicherheitsabfragen sind seit dem neuen Twitter an dieser Stelle nicht mehr nötig. Mit der Bestätigung des *Mein Benutzerkonto erstellen*-Buttons akzeptieren Sie die allgemeinen Geschäftsbedingungen von Twitter, *https://twitter.com/tos.*

Als Nächstes erklärt Ihnen „Der Twitter-Lehrer" die wichtigsten Dinge.

Abbildung 2.7: *Was sind Tweets?*

Achtung

Wie schon zuvor gesagt, empfehle ich, alle Schritte zu überspringen, die Sie in diesem frühen Stadium schon sichtbar machen. Bearbeiten Sie erst einmal Ihr Twitterschaufenster fertig und werden Sie sich klar, was Sie mit Ihrem Twitterauftritt beabsichtigen.

Nachdem Sie die beiden ersten Vorschläge übersprungen haben, kommen Sie zu dem verlockendsten Menüpunkt zum Followeraufbau, einem Vorschlag, von dem ich aus Datenschutzgründen unbedingt abraten möchte. Insbesondere für unternehmerisch und beruflich motivierte Leser gilt, sich für ihre gesamte Arbeit mit Social-Media-Kontaktdaten folgenden

Satz, der § 9 des Bundesdatenschutzgesetzes zusammenfasst, an jedem Computer ihres Unternehmens anzubringen bzw. jedem Mitarbeiter zur Kenntnis zu bringen.

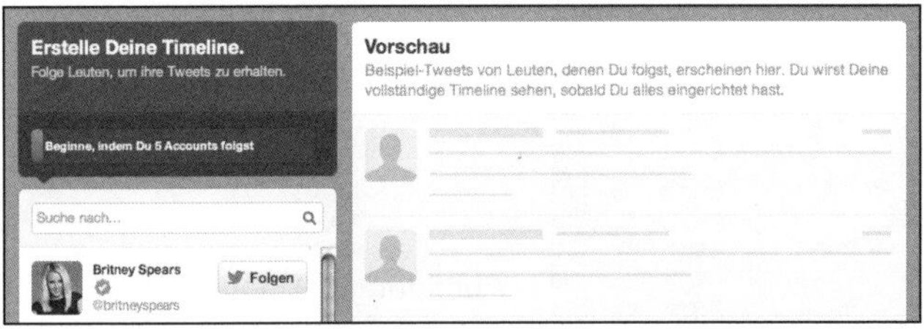

Abbildung 2.8: *Wie Sie die Timeline erstellen (bitte jetzt noch auslassen)*

Achtung

Ein Sicherheitskonzept zum Datenschutz sollte mindestens den Zutritt, Zugang und Zugriff, aber auch die Weitergabe, Eingabe und Verfügbarkeit von Daten umfassen! *Zitat aus „Die besten Erfolgsstrategien im Business-Networking mit XING & LinkedIn" von Michael Rajiv Shah & Isabella Mader, erschienen bei Data Becker.*

Auf gut Deutsch: Sollten Sie von Ihren Kontakten keine ausdrückliche Einwilligung haben, ihre Daten Dritten (also Twitter, Facebook, XING oder Google+ & Co.) zu überlassen, dürfen Sie diese – ganz gleich wie gut sie auf Servern Dritter geschützt sein sollten – dort nicht hochladen und somit unerlaubt an Dritte übergeben.

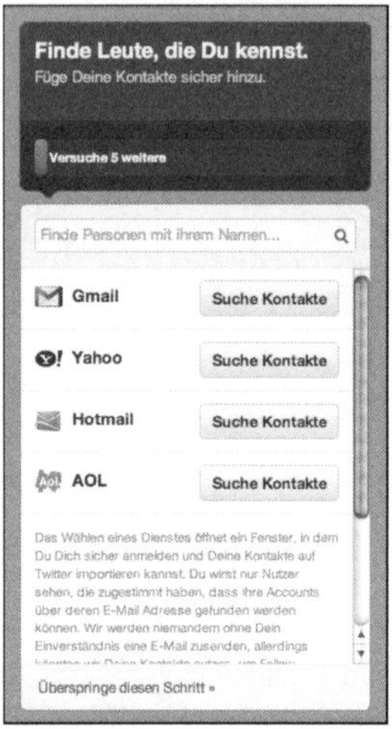

Abbildung 2.9: *Sollten Sie o. g. Erlaubnis haben, empfehle ich dennoch, den Abgleich erst zu einem späteren Zeitpunkt zu machen, wenn Sie genau wissen, welche Ziele Sie erreichen wollen.*

Die nächsten vorgeschlagenen Schritte sind der Upload Ihres Profilfotos und das Ausfüllen der 160 Zeichen langen Twitter BIO, des Profiltextes bzw. der Profilinformationen. Hier können Sie natürlich schon mal etwas machen, weil Sie es später auch wieder ändern können. Also los, suchen Sie sich ein max. 700 Kilobyte großes, möglichst quadratisches Foto von Ihrem Rechner, dann ist der erste Schritt erledigt! Wir gehen später noch einmal auf das Twitterprofil ein.

Damit sind Sie am Ende des automatisch vorgeschlagenen Anmeldeprozesses, und Twitter schlägt Ihnen die Stars der Twitterszene mit offiziellen Twitterkonten zum Folgen vor. Hier werden Sie insbesondere aus dem angelsächsischen Bereich die sogenannten Celebrities sehen. Twitter stellt Ihnen auch auf Ihre eingegebenen Daten sowie auf Ihre noch nicht vorhandenen Followern abgestimmte Twittertrends zusammen, die Sie länderspezifisch editieren können.

Abbildung 2.10: *Profilfoto hochladen und Twitter BIO festlegen*

Unmittelbar nach Eröffnung des Twitterkontos erhalten Sie eine E-Mail von Twitter, in der Sie darum gebeten werden, die Richtigkeit der Anmeldung zu bestätigen. Solange diese Mail von Ihnen nicht beantwortet wird, bleibt beim weiteren Bearbeiten unterhalb der Menüleiste eine Warnmeldung stehen, in der Sie zur Beantwortung aufgefordert werden.

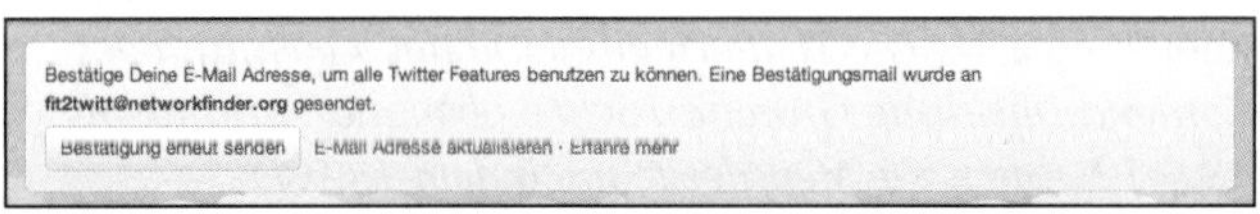

Abbildung 2.11: *Aufforderung zur Kontenbestätigung*

Die nächste Twittermail folgt unverzüglich mit der Anregung, Ihre Timeline zu gestalten. Wir schauen uns jetzt aber erst einmal die neue Oberfläche Ihres gerade angelegten Twitterkontos an, um sich vor Fertigstellung im Backend zu orientieren oder, um beim Schaufenster zu bleiben, Ihre neuen Geschäftsräume von innen kennenzulernen.

2.1.1 Die Twitterstartseite

Jetzt komme ich darauf zurück, was Sie am Ende der Bucheinleitung gelesen haben, nämlich die Geschwindigkeit der Veränderungsprozesse in Social Media. Am 18.9.2012 erweiterte Twitter sowohl seine Startseite als auch das Twitterprofil an sich.

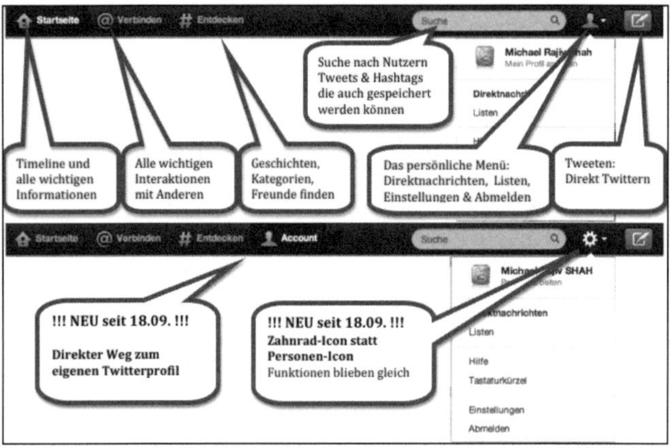

Abbildung 2.12: *Die Twittermenüleiste nach vollständiger Kontenanmeldung (Innenansicht): oben die Variante bis 18.9.12, unten die Menüleiste nach dem 18.9.12*

Die Twitter Startseite ist Ihre Hauptseite. Nur wenn Sie mit Twitterclients (Kapitel 4.1) arbeiten, bekommen Sie eine andere Optik.

Hinweis

Ihre Profilansicht wird nur dann für andere sichtbar, wenn diese sich Ihr Profil (Schaufenster) anschauen. Ihr Profil muss also nicht nur anderen, sondern auch Ihnen gefallen, weil Sie es am häufigsten sehen werden. Besucher über einen Twitterclient sehen niemals Ihr Profilhintergrundbild, sondern nur die Information darin. Merke: Auf Twitter erfolgt die Markenbildung (Branding) über Inhalte und kaum über optische Hilfsmittel.

Die Startseite der Twitterwebansicht besteht aus vier wesentlichen Elementen:

1. Details zum Twitteraccount (Anzahl der Tweets, Anzahl derer, denen man folgt, Anzahl derer, die dem Account folgen, und ein Feld zum Zwitschern)
2. Vorschlägen zum Folgen
3. Trends
4. Tweets (in den Screenshots sind innerhalb der Tweets Kloutrankings sichtbar)

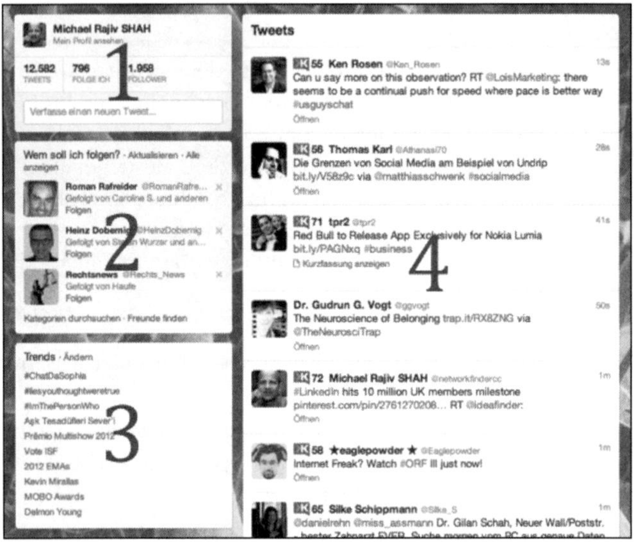

Abbildung 2.13: *Die Startseite der Webansicht Ihres Twitteraccounts besteht aus vier Teilen.*

Die Startseite des twittereigenen Mobile Client, über den Sie mehrere Konten bedienen können, fasst die sechs Bereiche der Webanwendungsmenüleiste in fünf Bereiche zusammen. Das hat zur Folge, dass einzelne Funktionen in der mobilen Anwendung weniger Funktionalitäten haben. So können Sie zum Beispiel Twitterlisten zwar nutzen, aber nicht verwalten.

Abbildung 2.14: *Die Startseite des Twitterclients*

Okay, es kribbelt Ihnen sicher schon lange in den Fingern, und Sie wollen endlich etwas tun. Lassen Sie uns einen kleinen Ausflug ins Twittern und Followen unternehmen, bevor wir uns Ihrem neuen Profil oder der Optimierung Ihres bestehenden Profils zuwenden.

Exkurs

Beschäftigen wir uns erst einmal mit dem Folgen. Gehen Sie in die das Suchfeld Ihrer Twitterwebanwendung (oder #Entdecken Ihres mobilen Twitterclients) und finden Sie drei Dinge:

Exkurs

- den Twitteraccount zum Buch @fit_2_twitt. Klicken Sie auf den Followbutton, um dem Account zu folgen dann weiß ich, dass Sie da sind und wer Sie sind;
- meinen Haupttwitteraccount @networkfindercc, auf dem ich zu #XING, #LinkedIn, #Twitter, #Pinterest und #B2B Networking twittere und folgen diesem
- Suchen Sie das Twitterthema, das ich unter dem Hashtag #fit2twitt twittere, und speichern es zum Wiederfinden aktueller Twittertipps, indem Sie auf das Arbeitsrädchen oben rechts klicken und die Twitter „Suche speichern“

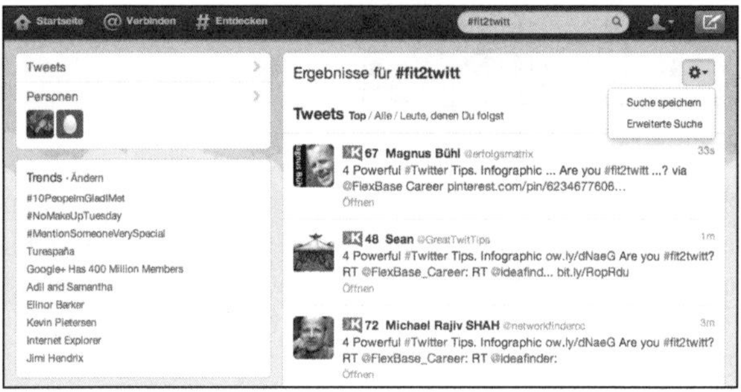

Abbildung 2.15: *Twittersuche zu #fit2twitt abspeichern (mobil nicht möglich)*

Exkurs

Als Nächstes twittern Sie einfach mal. Wenn Sie dafür einen der zwei oben angegebenen Accounts @fit_2_twitt oder @networkfindercc als Adressaten nehmen, habe ich jetzt an viel früherer Stelle als in der Gliederung geplant die Möglichkeit, die wichtigsten Funktionen in Kürze zu erläutern. Und Sie machen das, wofür die Gründer Twitter eigentlich erfunden haben: Sie kommunizieren als erstem Schritt.

Wenn Sie mit jemandem in Kommunikation gehen wollen, markieren Sie die Person wie bei Facebook mittels eines @-Zeichens. Also los! Klicken Sie auf das blaue Symbol zum Tweetschreiben, und unverzüglich öffnet sich ein Fenster.

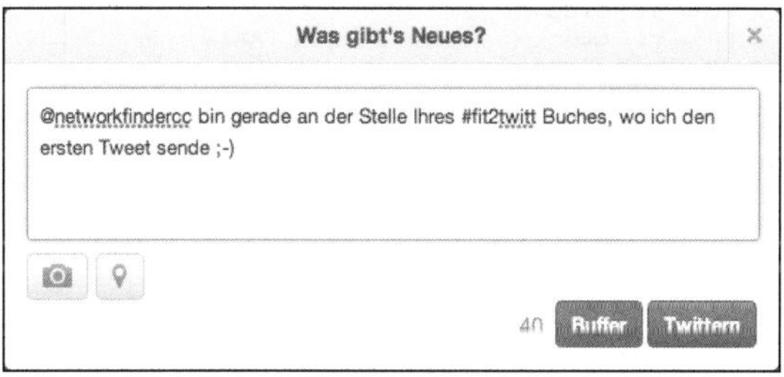

Abbildung 2.16: *Beispiel eines Tweets, der @networkfindercc erwähnt*

Schauen wir uns den Tweet des Experten für Office-Anwendungen Magnus Bühl (aka @erfolgsmatrix) genauer an, um an diesem exemplarisch die möglichen Optionen zur weiteren Handhabung des Tweets zu sehen, die Sie z.B. in der #fit2twitt-Suche finden:

Exkurs

- *Öffnen* = den Gesprächsverlauf sehen, soweit es einen gab
- *Antworten* = löst einen Tweet aus, der den Absender (ggf. mehrere) mit @ erwähnt
- *Retweeten* oder RT = leitet den Tweet 1:1 ohne Kommentar weiter
- * = Favorisieren zum Merken oder positiven Bestätigen
- *Buffer* = ein Client, der als Browserapplikation Tweets vordatieren kann (s. Kap 4.1)
- *Klout* = links neben dem Namen finden Sie das Kloutranking des Absenders (s. Kap. 5.3.2)

Abbildung 2.17: *Alle Optionen beim Betrachten eines Tweets in der Timeline*

2.1.2 Das Twitterprofil – Ihr Schaufenster für Betrachter

Am Anfang dieses Kapitels erläuterte ich den Begriff Schaufenster, den ich für jedes Social Network als Wortbild für das jeweilige Profil verwende. Ein Schaufenster hat immer ein Innen (Backend) und ein Außen (das, was der Betrachter sieht – Frontend). Das Profil ist für den ersten Eindruck sehr wichtig. Die Tweets sind sozusagen die Kollektion oder Ihre „Waren“, die Sie präsentieren. Hinzu kommt noch ein wichtiger Aspekt: die Tür, die sich zu Ihrem Hauptgeschäft öffnen könnte, wenn jemand mehr wissen möchte, der Link zu Ihrer

Webseite, Ihrem Flagshipstore, dem eigentlichen Zentralpunkt Ihrer Internetaktivitäten.

Achtung

Bitte beachten Sie die überproportional hohe mobile Nutzung Twitters, weil die Ansicht der Twitterfiliale immer auf jeweilige Clients oder Applikation automatisch angepasst wird.

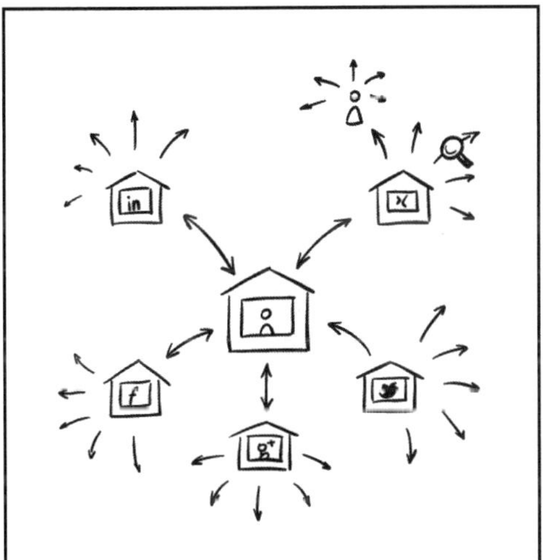

Abbildung 2.18: *Ihre Webseite ist das Zentrum aller Internetaktivitäten, Twitter und Co., das Filialnetz, über das Sie an dem Ort, wo Ihre Zielgruppe sich aufhält, mit ihm kommunizieren. (Grafik von Bärbel Weingartshofer www.spacenau.com)*

Abbildung 2.19: *Das fast rohe Twitterprofil vor der Bearbeitung*

Für die Profileinrichtung klicken Sie zunächst in der Menüleiste auf *Account* und dann auf den Button *Profil bearbeiten.* Wie schon in vorherigen Abbildungen beschrieben, besteht das Profil im Wesentlichen aus dem Foto, der Hintergrundbild, dem Benutzernamen, dem Namen, der Twitter BIO, dem Standort, Ihrem Webseitenlink (Flagshipstore) und seit 18.9.2012 einem derzeit optionalen zusätzlichen Headerbanner, wie Sie ihn auch schon von Facebook kennen.

Abbildung 2.20: *Das neue Twitterprofil mit Headerbanner wie bei Facebook (links Webansicht und rechts mobile Twitteranwendung)*

Teile, die bei jedem Tweet mitgesendet werden und daher vorrangig sind:

- Benutzername
- Profilfoto
- Name

Teile, die nur für diejenigen sichtbar werden, die sich Ihr Profilschaufenster anschauen:

- Hintergrundbild
- optionales Kopfzeilenbild (neu)
- Twitter BIO
- Standort
- Webseitenlink

Exkurs

Das Profilfoto wird auf Twitter immer auf eine quadratische Form komprimiert bzw. von welcher Form auch immer auf eine quadratische zugeschnitten. Im Folgenden die wichtigsten Gedanken zur Auswahl des Fotos, die Sie sich machen sollten.

1. Firmenlogos sind unpersönlich. Je größer das Unternehmen, desto klarer ist die Entscheidung für ein Firmenlogo.
2. Ein Foto von Ihnen persönlich ist immer die bessere und authentischste Wahl.
3. Eine Kombination aus Logo im Hintergrund oder am Rand ist auch sinnvoll.
4. Je mehr von Ihrem Gesicht zu sehen ist, desto besser.

Exkurs

In jedem Fall empfiehlt sich ein professionelles Foto, das extra für diesen Zweck aufgenommen wurde.

Das Profilbild aus Abbildung 2.21 von @webfeuerjonny (Autor von „Facebook-Marketing für Einsteiger") gehört sicher zu den Best-Practice-Beispielen für eine gelungene Kombination aus Profilbild und Firmenlogo.

Abbildung 2.21: *Profilfoto @webfeuerjonny*

Benutzername (15 Zeichen), Name (20 Zeichen), Profilfoto (quadratisch mit hoher Auflösung) stehen jetzt, und der Standort ist sicher auch kein so großes Problem mehr. Bevor wir zu einem technisch anderen Menüpunkt kommen, der das restliche Design aus Hintergrundbild und neuem Header betrifft, geht es inhaltlich um die Twitter BIO und auch den Weblink zu Ihrem Flagshipstore.

Die Twitter BIO (160 Zeichen) ist in zweierlei Hinsicht besonders wichtig:

1. die Wirkung auf den unmittelbaren Twitterschaufenster-Besucher (Menschen)
2. die Wirkung auf die mittelbaren Twitterinhalte-Sucher (Suchmaschinen & Menschen)

Sich oder gar Ihr Unternehmen in 160 Zeichen zu beschreiben ist eine echte Herausforderung. Dies dann auch noch so zu tun, dass die Inhalte für Suchende (Maschinen oder Menschen) sichtbar werden, hat eine ganz besondere Würze.

Für den ersten Teil hilft Ihnen eine Technik, die man Elevator Pitch (Aufzugspräsentation) nennt. Der Elevator Pitch (*http://de.wikipedia.org/wiki/Elevator_Pitch*) geht davon aus, dass man nur eine ganz kurze Zeitspanne hat, um den ersten, aber wichtigsten Eindruck zu hinterlassen. Stellen Sie sich vor, Sie fahren mit dem Vorstandschef eines Wunschkunden in einem Aufzug und haben nur diese wenigen Augenblicke Zeit, Ihre Message so rüberzubringen, dass er daraufhin Ihre Visitenkarte haben möchte.

Dazu eine Übung, die Sie dahin bringen kann, Ihre BIO so knapp wie möglich zu formulieren. Beschreiben Sie in einem Satz mit maximal einem Komma Ihre Vision oder die Unternehmensvision, für die Sie arbeiten oder auch, wofür dieser spezielle Twitteraccount stehen soll. Dabei geht es ausschließlich um das „Warum" – warum sollte der Besucher Ihres Twitterprofils Ihnen folgen wollen?

Meine lautet z.B.: „*Ich bringe Nutzen von Social Media systematisch in Unternehmen*". Meine unterstützende Idee: „*Kein Plan od. Ideen in Social Media? Frag doch den fINDER*".

✓ Alle speichern **Suchbegriffe (12)** 1 - 12 von 12

Keyword	Wettbewerb	Monatliche globale Suchanfragen	Monatliche lokale Suchanfragen
hashtag	Niedrig	550.000	9.900
twittersuche	Niedrig	2.400	1.900
twitter hashtag	Niedrig	74.000	1.600
twitter tips	Niedrig	22.200	390
twitter buch	Niedrig	2.400	320
twitterprofil	Niedrig	480	320
twitter einrichten	Niedrig	320	260
twitter seminare	Niedrig	170	170
twitter coach	Niedrig	12.100	140
twitter training	Niedrig	3.600	73
twitter trainer	Niedrig	1.300	28
twitter workshops	Niedrig	260	< 10

Abbildung 2.22: *Beispiel einer Keywortsuche in Google Adwords, Region Deutschland*

Jetzt fehlen nur noch ein paar Keywörter, die das WAS beschreiben, und Ihre Twitter BIO ist fertig. Apropos Keywörter: Es geht dabei in erster Linie darum, wonach tatsächlich gesucht wird, und nur in zweiter Linie darum, was Sie anbieten. Wenn Sie Ausgewogenheit zwischen beidem finden wollen, können Sie gut mit dem Keywort-Analysetool von Google Adwords arbeiten (*http://bit.ly/Google_Adwords_keyworttool*).

Tipp

Keywörter auf Twitter, aber auch auf Google+ (wir kommen in Kapitel 3.2 „Kommunikation“ noch intensiver darauf zurück) können mit sogenannten Hashtags dargestellt werden. Verwenden Sie vor einem Begriff eine Raute (z.B. #fit2twitt), so gibt Twitter bei der Suche sowohl Twitterkonten als auch Tweets zu den mittels # kategorisierten Begriffen heraus. Für Ihr Profil bedeutet es, dass Sie mit dem Zeichen # Ihre Keywörter für die Suchenden verstärken können und sollten.

Abbildung 2.23: *Keywörter auf Twitter werden durch Hashtags, # plus Wort, gebildet.*

Der Weblink zu Ihrer Webseite im Twitterprofil hat eine Doppelfunktion. Zum einen sollten Sie sich diesen als Eingangstüre zu Ihrem Geschäft (Webseite/Flagshipstore) vorstellen. Das heißt, Sie sollten Profilbesucher, die vor Ihrem Twitterschaufenster stehenbleiben, gezielt lenken. Zum anderen gibt es im deutschen Sprachraum eine wichtige rechtliche Komponente Ihres Twitterweblinks. Denn mit dem Weblink oder auch innerhalb der 160 Zeichen BIO können Sie Ihre Impressumspflicht erfüllen. Seit Sommer 2012 müssen nicht nur (deutsche) Webseiten ein Impressum haben, sondern auch alle Social-Media-Präsenzen (Filialen) müssen über einen auch für mobile Anwendungen leicht und immer zugänglichen Impressumsverweis verfügen. Die aktuelle Rechtslage meint mit „leicht zugänglich" maximal zwei Klicks (siehe *http://bit.ly/2Klick_Impressum*).

Tipp

Eine besondere Idee, um sowohl Ihre Twitterbesucher begrüßen zu können, als auch die rechtliche Situation zu berücksichtigen, könnte eine spezielle Landingpage sein, auf die Sie Ihre Twitterbesucher lenken, um sich und Ihre Twitterpräsenz vorzustellen (siehe *http://bit.ly/twitteressum*, das Impressum ist immer beim zweiten Klick erreichbar). Das können Sie natürlich für jedes einzelne Netzwerk so machen oder so wie die @SoftwareAG, die eine spezielle Seite eingerichtet hat, auf der sie ihre über 100 weltweiten Social-Media-Kanäle darstellt (siehe *http://bit.ly/Social Media_Center*).

Nachdem Sie noch folgende Informationen aus dem Twittermenü *Account* nachgetragen haben, steht Ihr Profil erst einmal so, dass Sie loslegen können, ohne negativ aufzufallen:

- *E-Mail*: Wollen Sie anderen erlauben, Sie mittels E-Mail-Adresse finden zu können?
- *Sprache*: Wollen Sie vielleicht eine andere Sprache für Ihr Menü wählen?

- *Zeitzone*: In welche Zeitzone sollen Ihre Tweets eingeordnet werden?
- *Standort*: Soll Twitter Ihren Standort, der über die IP-Adresse geliefert wird, mitsenden?
- *Medien*: Sind Ihre Inhalte sensibel, dann vermeiden Sie damit Spam-Meldungen.
- *Tweets Sicherheit*: Dies ist die Funktion, mit der Sie Ihr Konto nicht öffentlich schalten.
- *HTTPS*: Hiermit schalten Sie ein abhörsicheres Internetprotokoll ein.
- *Passwort ändern*: Hier können Sie eine höhere Sicherheit bei der Änderung erzielen.
- *Land*: Standard steht auf *Weltweit*.

Abbildung 2.24: *Tweets zu schützen ist die wichtigste Funktion, um die Inhalte Ihrer Twitterfiliale für Nichtkontakte und somit auch das Internet und die Suchmaschinen unsichtbar zu machen. Die Stammdaten Ihrer Twitter BIO bleiben in jedem Fall sichtbar!*

2.1.3 Das Twitterdesign

Exkurs

Sollten Sie verwirrt sein, was die Menüführung angeht, ist das verständlich. Die amerikanische Menüführung (und dies gilt meines Erachtens auch für LinkedIn & Facebook, nicht aber für Google+) ist für uns Mitteleuropäer manchmal schwierig nachzuvollziehen. Die Informationen, die Twitter beim Eröffnen Ihres Kontos abgefragt hat, sind über das ganze Menü verstreut. Mir geht es an dieser Stelle darum, das Profil abzuschließen, daher komme ich am Kapitelende auf die Menüpunkte Passwort, Mobiltelefon, Benachrichtigungen, Apps und Widgets zu sprechen.

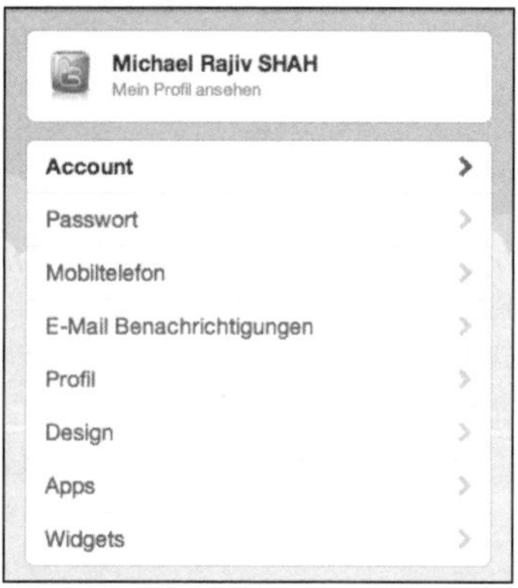

Abbildung 2.25: *Das Twitter-Kontenmenü*

Wenn Sie Ihren Twitteraccount angemeldet haben, besitzen Sie automatisch ein Standardhintergrundbild. Dieses Hintergrundbild ist nur für explizite Webbesucher Ihrer Twitterfiliale sichtbar. Kommt jemand von einem Mobile Device zu Ihnen, wird kein Hintergrundbild angezeigt. Das bedeutet, dass Sie das Design im Wesentlichen für sich und den ersten Eindruck auf andere machen.

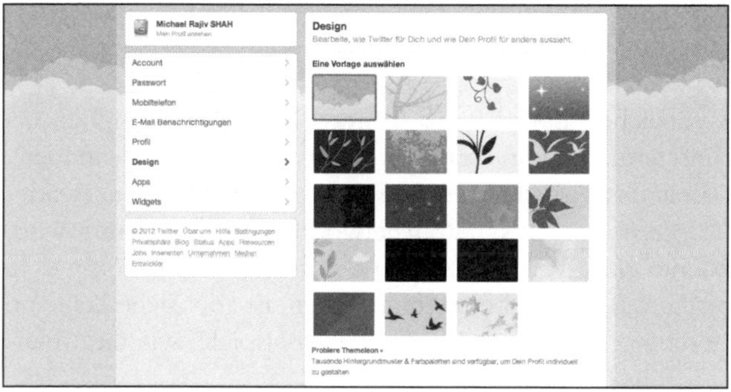

Abbildung 2.26: *Standardhintergrund und Standard-Twitter-hintergründe*

Da Twitter seit dem 18.9.2012 sowohl sein Standardtemplate als auch die Variante mit Header (Kopfzeile) anbietet, müssen Sie sich bei der Änderung des Hintergrundbildes erst einmal entscheiden, ob Sie mit der Headergrafik oder dem alten Standard arbeiten wollen. Ich persönlich gehe davon aus, dass Twitter über kurz oder lang die neue Headervariante zum Standard machen wird. Der größte Unterschied zwischen beiden besteht im visuellen Gleichgewicht der Informationen, wie Sie im Beispiel sehen.

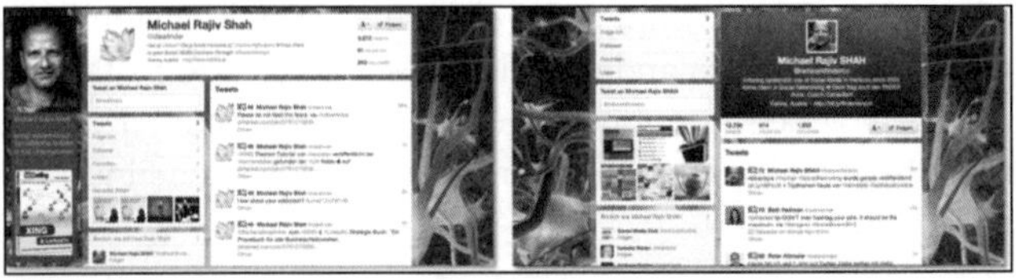

Abbildung 2.27: *Links die alte Variante und rechts die neue Variante*

Zusätzliche Informationen können in beiden Versionen ins Hintergrundbild integriert werden (links alt @ideafinder). Damit das visuelle Gleichgewicht mit dem neuen Header (Kopfzeile) (rechts neu @networkfindercc) gewahrt wird, könnte eine zusätzlich so starke visuelle Information wie in meinem Beispiel überfrachtet wirken. Ist aber sicherlich eine Geschmackssache. Daher ein paar Beispiele, wie die Unternehmens CI eingearbeitet wurde.

Abbildung 2.28: *@Karrierebibel (komplett eigene Hintergrundgrafik)*

Abbildung 2.29: *@Netzwerkpilot (Grafik plus Hintergrundfarbe)*

Twitter bietet bei der Konfiguration Ihres Hintergrundes einen Kooperationspartner (*http://www.colourlovers.com/themeleon/twitter*) an, mit dem Sie eigene Hintergründe gestalten können. Darüber hinaus gibt es auch eine unendliche Vielfalt an weiteren Werkzeugen, von denen ich Ihnen in Kapitel 4 eine paar kurz und knapp vorstellen werde.

Die Grafikgrößen bekommen Sie immer aktuell in der Twitterhilfe unter *http://bit.ly/Twitter_Design_Hilfe*. Die dort gefundenen Daten werden sich sicher ändern, da die neue Headergrafik (Kopfzeile) 6,25-mal so groß sein darf, was unverhältnismäßig ist.

- Hintergrundbild (2000 Pixel breit x 1200 Pixel hoch; max. 800 KByte)
- Headergrafik (1200 Pixel breit x 600 Pixel hoch; max. 5 MByte)
- Profilbild (128 Pixel x 128 Pixel; max. 700 KByte)

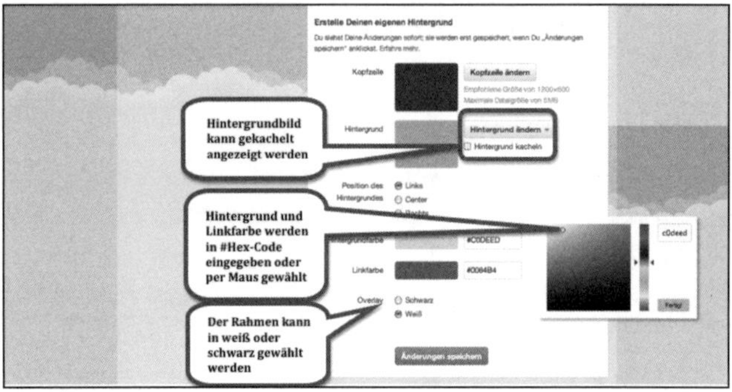

Abbildung 2.30: *Kopfzeile (Headergrafik), Hintergrundbild hochladen und positionieren, Hintergrund-, Linkfarben und Rahmenfarbe festlegen*

Tipp

Wenn Sie die exakten Farben Ihrer Corporate ID verwenden wollen, fragen Sie Ihre Werbeagentur nach den HEX-Farbcodes, die diese leicht aus den RGB-Farben von Druckunterlagen übersetzen kann.

Sollten Sie dazu keine Möglichkeit haben, so finden Sie im Internet unter „HEX-Farbcode" einige Werkzeuge. Zur Übersetzung von oder in RGB-Farben nutze ich *http://bit.ly/HEX-RGB*. Um Farben von einem digitalisierten Bild zu bestimmen, finde ich *http://bit.ly/Imagecolourpicker* recht hilfreich.

2.1.4 Ihr Passwort ändern

Passwörter werden aus Sicherheitsgründen wie überall üblich mit Platzhaltern bzw. Punkten angezeigt. Wenn Sie zur doppelten Eingabe des Passwortes aufgefordert werden, ist dies zur Vermeidung von Tippfehlern. Schon während der Eingabe werden die Zeichen und Ziffern überprüft, und es wird auch angezeigt, wie gut Ihr Passwort ist. Es sollte mindestens sechs Zeichen lang sein und möglichst Groß- und Kleinbuchstaben sowie Zahlen enthalten.

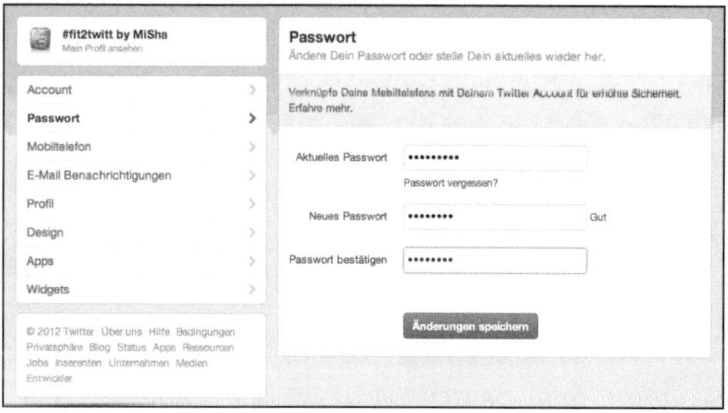

Abbildung 2.31: *Passwort ändern*

Wenn Sie Ihr Passwort zurücksetzen lassen wollen, weil Sie es vergessen haben, verwenden Sie *https://twitter.com/account/resend_password.* Twitter sendet dann die angeforderte Information an die hinterlegte E-Mail-Adresse.

Da Sie im Laufe der Zeit unterschiedlichste Dienste nutzen werden, die sich mit Ihrem Twitterkonto verbinden, kann das Thema Passwort zu einer heiklen Angelegenheit werden. Zum einen, weil die Zusatzdienste beim Login auf das Twitterpasswort zugreifen wollen und ein regelmäßiger Wechsel des Passwortes sinnvoll wird. Zum anderen, weil Sie sich im Laufe der Zeit so eine Vielzahl unterschiedlichster Passwörter zulegen, dass es fast unmöglich ist eine Übersicht zu behalten.

Achtung

Fangen Sie also so früh wie möglich an, sich ein System zuzulegen, wie Sie sich entweder Passwörter leicht merken können, oder diese permanent in eine Liste einzutragen. Auch gibt es Systeme, über die Sie Passwörter automatisch generieren und speichern können. Da ich nicht mit solchen Systemen arbeite, möchte und kann ich auch keines empfehlen.

Auf Twitter sind die meisten Links mit URL-Kürzern versehen, da 140 Zeichen sehr wenig sind. Der größte Nachteil dabei ist, dass Sie nicht sehen können, welche Links dahinterstecken. Seien Sie besonders vorsichtig bei Links von Twitterati, die Sie nicht kennen und Ihnen einen Link als @Mention bzw. Erwähnung schicken.

_xxxxx @LoveYodummi @networkfindercc @Beautiful_dmi GET MORE FOLLOWERS ? - is.gd/Mrixxxx

Melden Sie solche Vorkommnisse an Twitter, indem Sie im Pulldown Menü auf @Twittername als Spam melden klicken!

Auch kommt es vor, dass Accounts von Ihnen bekannten Personen gehackt werden, über die dann ein Roboter Spams mit Meldungen verschickt wie im folgenden Beispiel. Klicken Sie auf einen solchen Link (hier nur eine Attrappe), so hackt sich dieser automatisch in Ihr Konto ein und versendet es an Ihre Follower, die hoffentlich nicht auf den Link klicken.

hey this user is making up offensive things that are about you ti.ly/UAzzzz

Die Regel lautet: Alles, was Ihnen unnormal vorkommt, ist mit höchster Sicherheit auch unnormal. Klicken Sie auf keinen Fall auf einen solchen Link und warnen Sie Ihren Kontakt, dass er wahrscheinlich gehackt wurde, damit er sein Passwort umstellen kann.

2.1.5 Mobiltelefon

Die Nutzung von Twitter per Mobiltelefon ist über eine Vielzahl von Clients möglich. Auch wenn der Versand per SMS noch immer machbar ist, wurde das Empfangen bei uns eingestellt. Aus diesem Grund empfehle ich den Download der Twitter-Applikation auf Ihr mobiles Gerät bzw. auch unterschiedlicher Clients, denen wir uns in Kapitel 4.1 widmen werden.

2.1.6 Apps und Widgets

Die *Apps*-Rubrik in Ihren Einstellungen ist die Dokumentation aller Applikationen, denen Sie im Laufe der Zeit Zugriff auf Ihre Twitter-API (Schnittstelle) erlauben. Hier können Sie alle Zugriffsberechtigungen, die Sie vergeben, zentral verwalten und widerrufen.

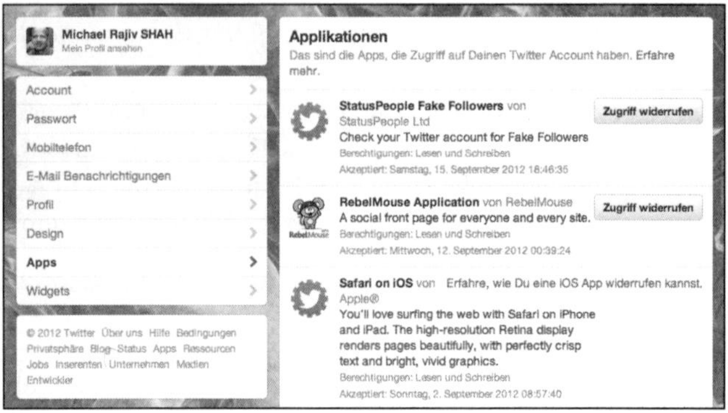

Abbildung 2.32: *Übersicht über alle Zugriffe, die Sie fremden Apps auf die Twitter-API erlauben*

Twitterwidgets (Widget = sprachliche Mischung aus Window und Gadget) sind eine sehr interessante Möglichkeit, Ihre Webseite mit Informationen anzureichern, die in Ihren Webfilialen aufgekommen sind. Ganz sicher haben Sie schon Facebook-Boxen auf Webseiten gesehen, auf denen Webseitenbetreiber zusätzlich zum Webseiteninhalt über das aktuelle Geschehen auf ihrer Facebook-Seite informieren. Solche Funktionen gibt es auch für Twitter.

Sie haben die Möglichkeit, vier Arten von Inhalten auf einer frei wählbaren Webseite einzubinden und das Aussehen des Fensters (Höhe, Thema und Linkfarbe) zu individualisieren. Besucher Ihrer Webseite mit Twitteraccount können dann gleich auf Ihrer Webseite in Interaktion gehen:

- Die Tweets Ihres Accounts
- Ihre Favoriten
- Ihre Twitterlisten bzw. die, deren Mitglied Sie sind

- #Hashtags, die Sie selbst festlegen

Wenn Sie technisch nicht bewandert sein sollten oder Ihre Webseite/Ihr Blog keine automatischen Einbindungsvarianten bietet, empfehle ich Ihnen dringend, dies von einem Fachmann einrichten zu lassen bzw. sich erst sehr gut in die Materie einzulesen.

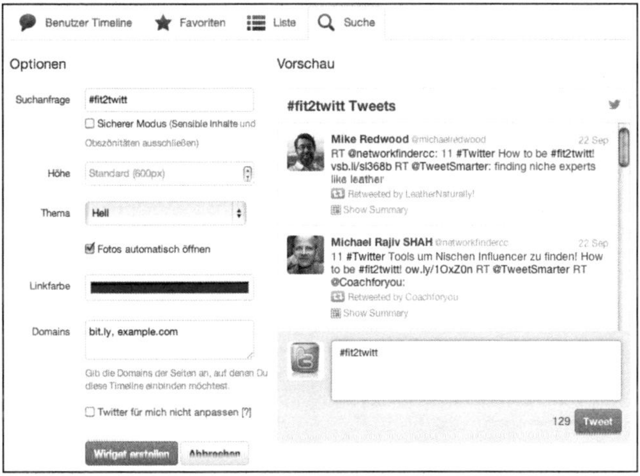

Abbildung 2.33: *Twitterwidget vor der Erstellung des Webcodes zur Einbindung*

2.1.7 E-Mail Benachrichtigungen

Ob und worüber Sie sich benachrichtigen lassen, hängt ganz von Ihren Nutzungsgewohnheiten ab. Wenn Sie sehr viel online sind oder Ihre Twitterinteraktion hauptsächlich mobil abwickeln, so würde ich an Ihrer Stelle die Benachrichtigungen E-Mail-Postfach-schonend (so wenig wie möglich) einstellen.

Tipp

Legen Sie für jedes Netzwerk, in dem Sie aktiv sind, ein eigenes Postfach an, damit Sie Ihre Hauptinformationen, die Sie für Ihren Arbeitsalltag benötigen, auch immer erreichen und die Netzwerke Sie nicht zu sehr ablenken!

Am Anfang jedoch sollten Sie erst einmal alles eingestellt lassen, damit Sie ein Gefühl dafür bekommen können, was in Ihrem Twitterumfeld überhaupt passiert, denn im Gegensatz zu früher bietet Twitter derweil von Haus aus einige Informationen, die Ihnen den Einstieg in die Twitteria erleichtern.

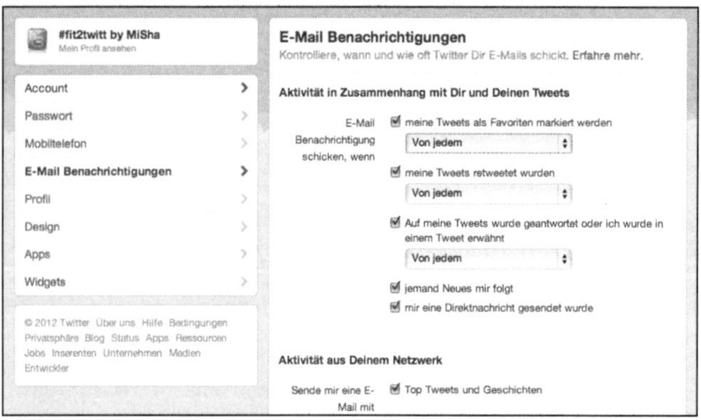

Abbildung 2.34: *E-Mail-Benachrichtigungen mit den anfänglich empfohlenen Einstellungen*

Hinweis

Ihre Take-aways:

- Ihr Twitter-Profilhintergrundbild wird nur von Profilbesuchern und Ihnen gesehen.
- Entscheiden Sie, ob Sie den neuen Twitterheader oder die alte Standardversion haben wollen.
- Ihr Profilfoto sollten Sie von einem professionellen Fotografen machen lassen.
- Die Twitter BIO ist ein Elevator Pitch in 160 Zeichen mit Suchmaschinenrelevanz.
- Denken Sie an die Impressumspflicht.
- Zugriffe von Twitterapplikationen überwachen Sie zentral auf Twitter unter *Apps*.

2.2 Twitter entdecken

Die Benachrichtigungen sind zumindest ein sehr wichtiger Schritt, um regional über die wichtigsten Themen informiert zu werden, die sich in der jeweiligen Twitteria abspielen. Bevor ich auf die Webseite einsteige, möchte ich Ihnen eine Mail über Top-Tweets und Geschichten zeigen (siehe Abbildung 2.35), die mich über den frisch eingerichteten @fit_2_twitt-Account erreicht hat und zeigt, dass auch ohne Follower bereits eine regionale Zuordnung – in meinem Fall – zu österreichischen Twitterati stattfindet, die ich zum Teil aus meinen bisherigen Social-Media-Aktivitäten sogar persönlich kenne.

Abbildung 2.35: *Mailbenachrichtigung „Geschichten“*

Die Anfangszeit bei Twitter ist die größte Hürde. Sie brauchen schon eine gewisse Vorstellung davon, was Sie wirklich wollen und was Ihre Ziele sind. Dazu mehr in Kapitel 5 „Twitteralltag“. Auch mein Anfang dauerte gut zwei Jahre. Als ich mich im Februar 2009 bei Twitter anmeldete, hatte ich als XING-Profi (damals seit zwei Jahren offizieller XING-Trainer), Blogger und intensiver Facebook-Nutzer keinen blassen Schimmer, was ich mit Twitter anfangen sollte, außer es als Bindeglied zwischen den damals noch nicht verbundenen Plattformen XING, Facebook und LinkedIn zu nutzen. Erst als ich einen klaren Fokus auf zwei Themen vor Augen hatte, kam der Aha-Effekt!

Exkurs

Meine damaligen Ziele waren (a) die Positionierung als XING-Experte in der Twitteria und (b) die Positionierung als österreichischer Social-Media-Communitymanager der zweitgrößten XING-Gruppe Österreichs. Dafür eröffnete ich zwei neue Twitterkonten, einmal den @xingfinder und den @AustrianDesk.

Um dies nun exemplarisch für dieses Buch mit einem ganz neuen Thema zu machen, habe ich den @fit_2_twitt-Account eröffnet, sodass Sie den Weg live mitverfolgen können. Für mein erstes Buch eröffnete ich den @linkedinfinder.

2.2.1 Die Twitter-„Geschichten"

Sie stellen den Versuch dar, Twitterati ein Angebot, ähnlich einem Zeitungsticker, zu unterbreiten, damit der Anfang leichter ist und sie auch zwischendurch immer wieder Anregungen haben. Twitter ist jedoch auch ein privat geführtes Wirtschaftsunternehmen, sodass Werbung in Form von „gesponserten Tweets" daherkommt. Offen gesagt, fand ich seit Konteneröffnung kaum Interessantes darin. Ich werde die Augen offenhalten und mich im weiteren Buchverlauf ggf. korrigieren bzw. Ihnen Anregungen liefern.

2.2.2 Aktivitäten

Diese sind das erste interessante Aktionsfeld. Hier werden Sie einige interessante Verbindungen finden. Klicken Sie mal ein wenig durch, aber achten Sie darauf, Ihre Zeit nicht sinnlos zu verwenden. @Twitter zu folgen ist auf jeden Fall sinnvoll, da Sie dort immer aktuellste Infos erhalten.

Sowie Sie dem ersten Konto folgen, sehen Sie in den Aktivitäten, wie diese miteinander interagieren:

- Wem folgt derjenige?
- Was hat derjenige favorisiert?
- Was hat derjenige retweetet?
- Wen hat derjenige gementioned (erwähnt)?
- Was hat derjenige getweetet?

Abbildung 2.36: *Tweets und Aktivitäten Ihrer Verbindungen*

2.2.3 Wem soll ich folgen?

Für diese wichtigste Frage bietet Twitter Ihnen eine Auswahl an. Sobald Sie anderen Konten folgen, werden Ihnen Verbindungen vorgeschlagen, die zu Ihnen passen könnten.

Abbildung 2.37: *Vorschläge aus „Wem soll ich folgen" nach ersten Followern*

Bis dahin werden Sie in der Vorschlagsliste definitiv Zeitungen sehen, die Sie kennen und denen Sie folgen können. Mittlerweile unterhält jedes Printmedium, das etwas auf sich hält, nicht nur eine eigene Onlineredaktion, sondern selbstverständlich auch eigene Twitterredaktion(en), die oft nach Ressorts unterteilt sind. Einzelne Redakteure zeichnen mit einem eigenen Kürzel.

Ein paar Vorschläge reichen:

- @zeitonline (13 Ressorts, *https://twitter.com/zeitonline/following*)
- @SPIEGELONLINE, @Spiegel_politik
- @SZ

Tipp

Klicken Sie dort auf *Folge ich*, und Sie werden in Sachen interessante Mainstreamquellen meist auch von Twitter als offizielle Accounts verifizierte Twitterati finden, um Nachrichten in Hülle und Fülle zu erhalten.

Merke: Über eine interessante Quelle kommen Sie am besten zu weiteren Twitterati.

Abbildung 2.38: *„Folge ich" der SZ bietet 164 interessante Followangebote.*

Auch die Politik ist auf Twitter angekommen. Schon die Süddeutsche Zeitung führt zum Auswärtigen Amt @AuswaertigesAmt, welches zu über 60 weiteren interessanten Quellen führt (*https://twitter.com/AuswaertigesAmt/following/members*).

Exkurs

Meine erste Frage an eine öffentliche Stelle für dieses Buch war auch an den Vorreiter der deutschen Politik, den Regierungssprecher der deutschen Bundesregierung, Steffen Seibert alias @RegSprecher, gerichtet, als ich um Erlaubnis bat, ihn bzw. seine Timeline für dieses Buch zu verwenden. Damit werden die Kommunikationsdimension und Möglichkeiten von Twitter das erste Mal praktisch sichtbar. Denn Herr Seibert hat selbstverständlich geantwortet.

Merke: Twitter ist Kommunikation in zwei Richtungen.

Abbildung 2.39: *Twitter in der politischen Kommunikation*

Für Österreich kann ich zwei Twitterlisten anbieten, die relativ gut mit aktiver Politik bzw. Presse- und Medienleuten sortiert sind. In der Schweiz bin ich leider nicht so bewandert, aber Sie wissen ja jetzt, wo Sie anfangen können.

- *https://twitter.com/i/#!/AustrianDesk/ad-tractive-politics/members*
- *https://twitter.com/i/#!/AustrianDesk/ad-tractive-press-media/members*

2.2.4 Freunde finden

Wie schon in Kapitel 2.1 beim Thema Datenschutz erwähnt, kommen wir jetzt zum eigentlich einfachsten Weg, Ihr bestehendes Netzwerk aus der „realen Welt" (Ihrem Adressbuch oder anderen sozialen Netzwerken) auf Twitter zu finden. So wichtig es sein kann, die Kontakte zu finden, die Sie weiterempfehlen können, weil diese Sie bereits kennen und die Qualität Ihrer Arbeit beurteilen können, so „gefährlich" ist dieser Weg aus datenschutzrechtlichen Gründen ohne Einwilligung Ihrer Kontakte, vor allem aber Ihres beruflichen Netzwerkes.

Sie können Ihren Kontaktabgleich auf Twitter mit fünf technischen Varianten vornehmen bzw. nach diesen suchen:

- Gmail
- Yahoo Mail
- Hotmail
- AOL
- per Mail zu Twitter einladen

Twitter versendet dann eine nicht editierbare Standardeinladung mit den Worten: „Finde heraus, warum ich Twitter liebe". Wenn Sie sich aufgrund dessen bei einer Plattform anmelden würden, okay. Aber überlegen Sie, ob es für Ihre Kontakte auch der richtige Weg ist. Es ist Ihre Entscheidung.

2.2.5 Kategorien durchsuchen

Auch hier geht es um die Frage, wem ich folgen soll. Diesmal haben Sie die Auswahl in Kategorien wie Musik, Politik, Unterhaltung, Sport und Co. unterteilt, die von Twitter festgelegt sind. Der Weg zu den für Sie interessanten Twitterati ist wie schon zuvor beschrieben assoziativ. Wenn Sie auf etwas anspringen bzw. jemand Interessanten mit ansprechenden Inhalten gefunden haben, dann sind diejenigen, denen dieser Account folgt, mit hoher Wahrscheinlichkeit auch qualitativ auf ähnlichem Niveau.

Exkurs

Aus Kapitel 5 nehme ich gerne vorweg, dass es in Social Media, wie aber wahrscheinlich auch überall sonst, generell um einen Kreislauf geht, der beim Zuhören anfängt. Wenn Sie sich mit jemandem unterhalten wollen, ist Zuhören die beste Voraussetzung. Natürlich können Sie auch drauflosplappern, doch ob Ihnen dann jemand zuhören möchte, ist die Frage, bzw. die meisten von Ihnen werden wahrscheinlich schnell die Erfahrung machen, dass, wenn Sie nicht zuhören wollen, auch Ihnen weniger Menschen (Twitteraccounts) tatsächlich zuhören wollen.

Der zweite Lernschritt besteht darin, zu verstehen, worum es für Sie überhaupt geht, und zu analysieren, was es für Sie zu tun gibt oder wer Ihnen zuhören könnte.

Erst im dritten Schritt geht es darum, zu handeln und zu twittern.

Merke: Konzentrieren Sie sich am Anfang auf das Zuhören und das Aufbauen von Verbindungen!

Am besten starten Sie, indem Sie zwei Dinge machen:

1. Sie finden Ihre Kontakte auf XING, die das Wort Twitter in ihrem Profil stehen haben.
2. Sie suchen auf Twitter nach dem #Hashtag, das zu Ihrem Thema passt.

Wie das geht?

Zu 1: Auf XING *https://www.xing.com/app/contact* auswählen und in das Feld rechts außen *Suche in Kontakten* „Twitter“ eingeben. Bei mir erscheinen dann 127 Personen, was ca. 2,5 % meiner Kontakte ausmacht, die bewusst irgendwo ins Profil das Wort Twitter eingegeben haben. Bei 50 Kontakten werden Sie mindestens eine Person finden. Es sind sicher mehr, allerdings werden die Weblinks in der Suche nicht ausgegeben. Klicken Sie das Profil dieser Person an, Sie haben ihr Twitterprofil und folgen dem Twitterprofil. Bei Leuten, die das Wort Twitter angeben, können Sie davon ausgehen, dass sie aktiv sind.

Dann schauen Sie denjenigen zu, was sie machen, und lernen bzw. steigen Sie in Gespräche mit ein, indem Sie antworten oder sie explizit markieren und ansprechen. In ihren Accounts werden Sie sicher auch andere interessante Twitterati finden, denen Sie folgen können, um zuzuhören. Und wenn Ihr Profil aussagekräftig genug gestaltet ist, werden auch der eine oder andere zurückfolgen. Schreiben Sie in jedem Fall den einen oder anderen Tweet zu den Dingen, die Sie interessieren.

Blättern Sie jetzt mal zu Kapitel 3.2.3 „Kommunikation/Rituale“. Dort bespreche ich den Followfriday. Machen Sie es wie im echten Leben und stellen Sie sich denen vor, denen Sie folgen bzw. die Sie als interessant gefunden haben, indem Sie beim Followfriday-Ritual Ihre Empfehlung aussprechen.

Seien Sie sich gewiss, Sie sind von diesem Moment an im menschlichen Gespräch und finden neue Twitterati, die mit Ihnen (erst einmal nur) Small Talk wie im echten Leben machen wollen und werden.

Zu 2: Ihr Thema zu suchen und darüber einzusteigen ist ein viel einfacherer Weg. Nehmen wir mal an, Sie seien ein Spezialist für Personalwesen. Dann gehen Sie in die Suche und geben Sie dort das Hashtag #HumanResources oder #HR ein.

Abbildung 2.40: *Kopfzeile mit der Suche*

Sie finden dann Twitterati und Tweets, die gezielt mit dem gewählten Hashtag twittern.

Abbildung 2.41: *Links: Personen, rechts: Tweets*

Hier sind Sie, anders als auf dem erstbeschriebenen Weg, direkt im Thema drin, also in der Sachdiskussion, bzw. Sie könnten in eine einsteigen oder versuchen zu initiieren. Natürlich wird die Suche nicht beim ersten Mal das Topergebnis sein, aber das werden Sie im Lauf der Zeit lernen zu verfeinern. Speichern Sie die für Sie halbwegs relevante Suche ab (auf das Zahnrad klicken) und Sie finden das Ergebnis über das Suchfeld immer wieder.

Auch hier könnte der Followfriday Ihr Einstieg in die Branche werden.

Hinweis

Ihre Take-Aways:

- Ihre Ziele bestimmen die Perspektive und den Weg auf Twitter.
- Twitter-Geschichten und Twitteraktivitäten zeigen interessante Inhalte über das Netzwerk Ihrer Kontakte.
- Zeitungen und Presse unterhalten weitgehende Themennetzwerke.
- Sie können Freunde aus Adressbüchern abgleichen. Achtung, Datenschutz!
- Followfriday ist ein Ritual, um über Small Talk ins Gespräch zu kommen.

3

So bekommen Sie, was Sie wollen

Das ist leicht gesagt. Wissen Sie denn, was Sie wollen? Wenn wir die ersten beiden Kapitel zusammenfassen, haben Sie eigentlich erst erfahren, welche Zielgruppen Sie vorfinden können (Kapitel 1.2) und worin sich Twitter von den anderen Netzwerken unterscheidet. Welchen Nutzen Twitter Ihnen persönlich bringen kann, konnten Sie jedoch noch nicht lesen. Aus diesem Grund werden Sie in diesem Kapitel die unterschiedlichsten Nutzungsformen mit jeweils ausgesuchten Best-Practice-Beispielen kennenlernen.

Abbildung 3.1: *@malerdeck konnte seinen Kundenanteil der 30- bis 60-jährigen steigern*

Das ist doch mal eine Ansage. In einem Telefonat mit Herrn Deck erklärte er mir (Herr Deck ist 64 Jahre alt), dass er anfangs den Sinn und Zweck dieser Social Media nicht verstanden habe. Bis eine Bekannte aus Südamerika ihn anrief und mit ihm über das Thema sprach. Während er ihr zuhörte, musste der Malerunternehmer und Malereifranchisegeber seine Gesprächspartnerin unterbrechen, weil er ihr sagte: „Du, ich habe jetzt keine Zeit mehr. Ich werde sofort damit anfangen!" Das war im März 2010. Heute, 2,5 Jahre später, sagt der Vollblutunternehmer, dass es noch nie einen derartig leichten Weg gegeben habe, sich persönlich, aber auch ein Unternehmen so auf einer weltweiten Bühne zu präsentieren, dass man zum Zeitpunkt des Bedarfs bei einem potenziellen Kunden im Hinterkopf ist. Seither betreibt Herr Deck sein Blog, eine Facebook-Seite, zwei Twitteraccounts und eine Google+-Präsenz (*http://www.malerdeck.de*).

In diesem Kapitel geht es um die unterschiedlichen Möglichkeiten, die Twitter als Werkzeug für eine erfolgreiche Umsetzung Ihrer Strategie bietet. Also eine Art Twittermenü, aus dem Sie sich das Beste herauspicken können und bei Bedarf in der richtigen Situation wieder hervorholen.

3.1 Twitter als Recherchewerkzeug

Einer der Nebeneffekte der Grundintention der Twittergründer, ein Echtzeit-Kommunikationsmittel zu entwickeln, führt unweigerlich dazu, dass Menschen Informationen zum Teil am Ort des Geschehens per Mobiltelefon versenden. Das schon genannte Beispiel des Arabischen Frühlings ist für unsereins vielleicht zu weit weg, um sich die alltägliche Dimension der Recherche vorstellen zu können, daher ein einfaches Alltagsbeispiel. Die öffentlichen Verkehrsmittelbetriebe Wiens unterhalten einen Bot (Roboter), der automatisch an deren Twitteraccount gerichtete (@Erwähnung) oder mit #Hashtag (U-Bahnlinien) ausgestattete Twittermeldungen weitertwittert. Aufmerksame Twitterati melden aktuelle Fahrgastkontrollen – Sie kennen das aus Radiomeldungen zu Autoradarfallen.

Abbildung 3.2: *@WienerLinienBot twittert Warnungen zu Fahrgastkontrollen.*

Das ist zwar noch nicht das, was Sie als Recherche verstehen sollen, aber es gibt ein Bild von der alltäglichen Nützlichkeit, die Echtzeitkommunikation bietet. Im Falle von Nachrichten ist das selbstverständlich ähnlich. Die Zeitungen, die Sie morgens lesen, sind im Grunde genommen schon bei Erscheinen nicht mehr aktuell, sodass Sie auf Twitter immer sowohl aktuellere als auch mengenmäßig umfangreichere Informationen erhalten als in irgendeinem anderen Medium.

Ich habe mir angewöhnt, jeden, den ich persönlich kennenlerne, der auch einen Twitteraccount besitzt, zu fragen, wozu er das Werkzeug nutzt. Die Aussage, die fast jeder macht, ist, dass Twitter ein hervorragendes Recherchewerkzeug ist. Es eignet sich für zwei besondere Bereiche, die ich separat erläutern werde:

1. Themenrecherchen
2. Monitoring (Beobachtung bestimmter Themen)

Natürlich gehören eigentlich beide unmittelbar zusammen, denn zunächst muss ich ein Thema definieren und recherchieren, um es in Folge beobachten zu können. Wie man das ganz einfach macht, haben Sie schon in der Übung zum Abschluss des vorangehenden Kapitels kennengelernt (Suchen und Suche abspeichern). Allerdings beschreibt man klassisches Monitoring eher als Beobachtung entweder des eigenen Namens, eigener Beiträge. Ich gehe da noch einen Schritt weiter und nenne auch das Beobachten der Interessenthemen Monitoring.

3.1.1 Themenrecherche

Die Standardsuche befindet sich in der Kopfleiste, die immer präsent ist. Darüber hinaus gibt es auch eine erweiterte Suche.

Zunächst aber zeige ich Ihnen ein paar normale Suchen, damit Sie diese optimal für sich verwenden können. Dazu nehme ich als Beispiel XING.

Exkurs

XING = Bei der Suche nach dem einfachen Wort erscheinen alle Tweets und Accounts, die das Wort XING inklusive Domains beinhalten, aber auch in URL-Kürzern versteckt sind, *https://twitter.com/i/#!/search/xing*

XING.com = Bei der Suche nach der Domain erscheinen nur Links, die die XING.com-URL beinhalten (inkl. URL-Kürzer), *https://twitter.com/i/#!/search/xing.com*

#XING = Bei dieser Suche erscheinen explizit nur solche Tweets, die mit dem #Hashtag XING kategorisiert wurden, *https://twitter.com/i/#!/search/%23xing*

XING LinkedIn = Hier müssen beide Worte entweder im Text oder der URL versteckt sein, *https://twitter.com/i/#!/search/xing%20linkedin*

#XING #LinkedIn = Hier müssen beide Begriffe kategorisiert sein, *https://twitter.com/i/#!/search/%23xing%20%23linkedin*

#XING LinkedIn = Nur ein Begriff ist kategorisiert, *https://twitter.com/i/#!/search/%23xing%20linkedin*

XING Event = Bringt nur Beiträge und Konten, die beide Wörter beinhalten. Lässt sich um den Ort erweitern, *https://twitter.com/i/#!/search/XING%20Event*

Merke: Groß- und Kleinschreibung spielen in dieser Suche keine Rolle!

Die Güte der Rechercheergebnisse ist von den Gedanken abhängig, die Sie sich vor Ihrer Suche gemacht haben. Bei der Übung der #HR-Suche in Kapitel 2 konnten Sie nicht nur eine Unmenge unterschiedlicher Sprachen finden, weil HR ein international verwendeter Begriff ist, sondern Sie fanden neben normalen Inhalten genauso Jobangebote und etliche Tweets, die Sie sicherlich gar nicht interessieren. Wie am XING-Beispiel aufgezeigt, kommt es auf Ihre Suchsyntax (Wortzusammensetzung, *http://de.wikipedia.org/wiki/Syntax*) an, was Sie für Ergebnisse von Twitter geliefert bekommen. Tools zur Suche finden Sie in Kapitel 4.4.1.

Abbildung 3.3: *Die Suchsyntax bestimmt Ihre Suchergebnisse.*

Zur mächtigen „erweiterten Suche“ von Twitter kommen Sie, wenn Sie bei den Suchergebnissen auf das Zahnrad klicken (*https://twitter.com/i/#!/search-advanced*). Hier können Sie unterschiedlichste Suchbegriffe kombinieren und auf diese Weise sehr spezielle Suchergebnisse bekommen, z.B. Jobangebote, die auf Deutsch verfasst und in einem Umkreis von 50 Kilometern von Wien versendet wurden (*http://bit.ly/*

Twitter_Jobsuche_Deutsch_Wien_50km), oder alle, die über Twitter in einem Umkreis von 100 km rund um Wien zwitschern (*http://bit.ly/Twitter_Twittersuche_Wien_100km*).

Tipp

Die Umkreissuche ist nicht nur bei der Jobsuche ein sehr wichtiges Element. Ein Aspekt von Twitter ist auf jeden Fall auch das Reallife Networking. Sie erinnern sich: „Die ganze Kunst des Social Networking besteht darin, virtuellen Werkzeugen die Kraft realen Lebens einzuhauchen." Wenn Sie nicht permanent auf Reisen sind, liegt im Regionalen der Schlüssel darin, mittels Twitter Ihr reales Netzwerk zu erweitern.

Ein konkretes Beispiel für Reallife Nettworking mit Twitter ist die deutsche Plattform Twittagessen *http://www.Twittagessen.de.* Die Gründer Roman Zenner und Christoph Zillgens haben die Lücke des reinen Kommunikationsdienstes erkannt und ein Werkzeug programmiert, mit dem Sie sich mit anderen Twitterati zu Treffen im realen Leben verabreden können. So findet z.B., während ich diesen Satz schreibe, in Wien ein Twittagessen nur wenige Straßen von mir entfernt statt. Zufällig kenne ich gleich mehrere Teilnehmer persönlich (*http://twittagessen.de/events/1693*).

Abbildung 3.4: *Suchmaske der erweiterten Twittersuche*

3.1.2 Twitter-Monitoring

Sie haben hoffentlich die eine oder andere Suchanfrage beim Lesen durchgeführt. Wenn nicht, dann tun Sie es bitte jetzt, bevor wir zum Thema Monitoring übergehen. Denn Handeln ist für die meisten Menschen das Wichtigste, um wirklich verstehen zu können.

Beim Monitoring geht es darum, bewusst zu beobachten, was zu den für Sie wichtigen Themen geschrieben wird, was über Sie oder Ihr Unternehmen geschrieben wird und, noch viel wichtiger, wie sich Ihre eigenen Handlungen auswirken. Auch dafür haben unterschiedliche Anbieter Werkzeuge entwickelt, die im Einzelnen in Kapitel 4.9 besprochen werden. Wie Sie eine entsprechende Suche dauerhaft abspeichern, haben Sie bereits gelernt. An dieser Stelle sei gesagt, dass Twitterclients wie Hootsuite oder Tweetdeck (Kapitel 4.1) für diese Arbeit aufgrund der parallelen Darstellung besser geeignet sind, die Übersicht zu behalten, als Twitter selbst, das Ihnen immer nur eine Ansicht zeigt.

Abbildung 3.5: *Twittersuchen bildet Hootsuite in Streams nebeneinander ab.*

Eine weitere Möglichkeit zum Monitoring ist, bis zu 20 Twitterlisten mit jeweils maximal 500 Mitgliedern auf Themen ausgerichtet anzulegen (siehe Kapitel 3.5 „Twitter als CRM") und darüber jeweils ein Thema zu verfolgen.

Abbildung 3.6: *Twitterliste der XING-Trainer, https://twitter.com/#!/xingfinder/xing-trainer*

So wie Sie sicherlich für Google einen Alert eingerichtet haben, um informiert zu werden, was über Sie im Internet geschrieben wird bzw. wenn Ihr Name erwähnt wird, sollten Sie sich unbedingt auf Twitter eine Suche anlegen, mit der Sie Ihre Domain (Internetadresse) überwachen. Je nachdem, wie Sie auf Ihrer Webseite Twitter zur Verteilung Ihrer Inhalte eingebunden haben (siehe Kapitel 4.6 „Webbuttons“), kann es sein, dass Ihr Twitterkonto nicht erwähnt wird. Auch gibt es Lösungen, die geübten Nutzern die Möglichkeit geben, Inhalte direkt über den Browser (Internet Explorer, Firefox, Safari, Google Chrome & Co.) zu teilen. Sie bekommen das also nur dann mit, wenn Sie eine entsprechende Suche verwenden, wie Sie es schon anhand des Beispiels für die Domain XING.com zur Beobachtung von XING-Links kennengelernt haben (*https://twitter.com/#!/search/networkfinder.cc*).

Zuletzt noch das quantitative Monitoring Ihrer Aktivitäten auf Twitter: Wenn Sie beabsichtigen, Twitter wirklich professionell zu betreiben und aktiv mit beruflich orientiertem Fokus in die Twitterwelt einzusteigen, dann sollten Sie ein System entwickeln, das Ihren Aufwand ins Verhältnis zum Erfolg setzen kann. Was ist dafür konkret Erfolgsmessung durchzuführen?

1. Quantität der Retweets (Hinweis auf Qualität Ihrer Arbeit)
2. Quantität der Erwähnungen (Hinweis auf die Qualität Ihrer Interaktion)
3. Quantität der Link-Klicks (Hinweis auf das Interesse an den Inhalten)
4. Quantität der tatsächlich generierten Leser auf Ihrer Webseite
5. Verweildauer Ihrer Webbesucher via Twitter
6. Tatsächliche Leadgenerierung (Kontaktaufnahme oder Newsletterbestellung)

Auch dafür gibt es Werkzeuge bzw. etliche Twitterclients, die im jeweiligen Backend entsprechende Informationen mitliefern. Auch die meisten URL-Kürzer liefern Daten über die erfolgten Link-Klicks. Ein relativ umfassendes Werkzeug, das für die Punkte 1 und 2, Retweets und Erwähnungen, recht gute Ergebnisse liefert, finden Sie unter *https://crowdbooster.com*. Es listet nicht nur auf wie viele andere, die wir noch später besprechen, sondern bietet Ihnen auch direkt die Möglichkeit, zu analysieren und direkt zu interagieren (siehe Kapitel 4.9).

Exkurs

Wenn Sie es betriebswirtschaftlich angehen und Ihren Erfolg mit anderen Medien vergleichen wollen, dann brauchen Sie als zusätzliches Kriterium Ihren Zeiteinsatz:

[Zeiteinsatz] zu [Retweets/Erwähnungen] zu [Link-Klicks] zu [Webseitenbesuchern]

3.1.3 Twitter zur Suchmaschinenoptimierung (SEO)

Alle sozialen Plattformen tragen auf die eine oder andere Weise dazu bei, dass Links, die zu Ihrer Webseite führen, das Suchmaschinenranking erhöhen. Google erkennt vor allem unterschiedliche Kanäle und wertet jeden einzelnen separat als wichtiges Kriterium. Es macht also allein schon deswegen Sinn, unterschiedliche Plattformen zu verwenden, weil sie nebeneinander erfasst werden. So viel, so gut.

Twitterinhalte jedoch werden von Google nicht mehr indiziert. Dies liegt an unterschiedlichen, sicher auch unternehmenspolitischen Interessen. Twitter trägt laut meinen Recherchen im Vergleich zu öffentlichen Inhalten von Facebook Pages, Google+-Inhalten oder XING-Gruppenbeiträgen nur einen sehr geringen Teil zu Ihrer Suchmaschinenoptimierung bei.

Tipp

Merke: Wenn SEO für Sie wichtig ist, dann twittern Sie bitte nur Originallinks. Diese werden von Twitter seit 2012 automatisch gekürzt.

3.2 Twitter ist Kommunikation

Dieser Punkt zieht sich hoffentlich für Sie spürbar wie ein roter Faden durch das Buch. Twitter wurde zur Kommunikation erfunden, und alles, was Sie tun, um dem gerecht zu werden, wird dauerhaft zum Erfolg Ihrer Aktivitäten führen. Halten Sie sich dabei nur ein generelles Schema vor Augen: erst zuhören, dann nachdenken, dann handeln!

Abbildung 3.7: *Flipchartzeichnung von Michael Rajiv Shah*

Beim Zuhören kommt es darauf an, dass Sie sich nicht nur daran orientieren, dass es durchaus viele Twitterati gibt, deren Tweets gerne weiterverbreitet werden, weil dies eines Ihrer Primärziele sein könnte. Nein, es geht vorher darum, zu verstehen, warum die Inhalte weiterempfohlen werden, und aus diesen Schlussfolgerungen zu lernen. Meist gibt es einen von zwei Gründen, die sehr nah beieinanderliegen bzw. ineinandergreifen.

- Der Twitterati ist sehr gut vernetzt. Dabei kommt es nicht auf die Menge der Follower an, sondern auf die Interaktion mit anderen Twitterati, sodass eine Beziehung und Vertrauen entstanden ist.
- Die Inhalte des Twitterati sind einfach gut und/oder der Name desjenigen ist so bekannt, dass dessen Inhalte verteilt werden.

Anbei ein Link zu einer Studie aus dem Jahr 2010, die das Retweetverhalten von 4262 „Trending Topics" näher beleuchtet hat: *http://bit.ly/Studie_Retweets_FAZ*, und folgende Schlussfolgerungen zieht:

Kommunikation ist eine Zweibahnstraße. Sie können zwar auch einfach nur aussenden, doch die Wahrscheinlichkeit für ein echtes Wahrgenommenwerden, bei dem Sie in ein bilaterales Kommunikationsverhältnis kommen, ist relativ gering bzw. bis Sie sich allein einen Expertenstatus bei Twitter aufgebaut haben, werden Sie aller Wahrscheinlichkeit nach die Lust verloren haben.

3.2.1 Tweeten, wie geht das eigentlich?

Sie haben z.B. eine Konversation gefunden, die Ihnen gefällt, und fangen an, mit dem- oder denjenigen zu interagieren. Dann klicken Sie auf *Antworten*, und schon geht ein zusätzliches Fenster auf, in das Sie Ihre Antwort eingeben. Waren in der Konversation mehrere Ansprechpartner, so werden alle automatisch erwähnt. Wenn es passt, können Sie noch ein Foto twittern, das Sie von Ihrem Rechner laden, indem Sie das Foto-Icon anklicken:

Abbildung 3.8: *Antworttweet an mehrere Ansprechpartner inklusive Fotoupload*

Abbildung 3.9: *Das Ergebnis inklusive Foto sieht in der Webanwendung dann so aus.*

3.2.2 Retweeten, wie geht das eigentlich?

Wenn Sie einen interessanten Inhalt finden, der nicht „nur" Kommunikation wie im letzten Beispiel ist, dann können Sie einfach auf *Retweeten* klicken. Klar! Das hat zur Folge, dass der Tweet lediglich an Ihre Follower weitergeleitet wird, ohne die Möglichkeit, eigene Gedanken hinzufügen zu können. Besser aber wäre es, Sie nehmen den Inhalt, markieren den gewünschten Teil, klicken auf *Antworten*, fügen den kopierten Inhalt ein und ergänzen ihn um Ihre eigenen Gedanken. So zeigen Sie Ihren Followern Ihre eigene Note und sorgen für Ihr Branding. So machen Sie zudem weitere Kommunikation möglich.

Achtung

Merke: Immer dann, wenn Sie einen Inhalt durch einen anderen Twitterati erhalten haben, gehört es zu den guten Gepflogenheiten der Wertschätzung, diesen durch RT @Twittername: oder via @Twittername zu erwähnen. Also brauchen Sie neben der Linklänge (20 Zeichen) ein Leerzeichen, „RT" und den @Twitternamen. Siehe folgendes Beispiel!

Abbildung 3.10: *In diesem Beispiel bleiben lediglich 99 Zeichen für den eigenen Text übrig.*

Bei einem Tweet mit Link wird es allein aufgrund des Links, der auf Twitter immer 20 Zeichen einnimmt, schon kniffliger. Denn um Ihre eigene Note hinzuzufügen, sollten Sie den Inhalt auf jeden Fall gelesen haben, um zu wissen, worum es eigentlich geht. Da die Twitterwebanwendung lediglich Retweeten per Knopfdruck ermöglicht, müssen Sie auch hier mit Copy&Paste (Markieren, Kopieren und Einfügen) arbeiten.

Die meisten Twitterclients geben Ihnen Auswahlmöglichkeiten, wie Sie retweeten können. So haben Sie im Hootsuite-Browserclient (siehe Kapitel 4.1) die Möglichkeit, zwischen klassischem Twitter-Retweet wie eben erläutert und der Übernahme des Tweets mit Voranstellung von „RT @Twittername:" zu wählen. Gleiches gilt für Tweetdeck. Der mobile Client von Hootsuite ermöglicht Ihnen sogar eine sogenannte „Hybridvariante", bei der Sie beim Zwitschern auswählen können, welche der beiden Arten Sie verwenden wollen.

3.2.3 Geselligkeit durch Twitterrituale

Social Media ist eine Wortzusammensetzung aus social und media. Im ersten Moment übersetzen wir Deutschsprachigen social mit sozial. Das ist auch gut so, wenngleich es direkt sehr getragen und schwer wirkt, wie es unserer Kultur eigen ist. Weitere Übersetzungen des Wortes social sind gesellschaftlich, Gesellschaft, aber auch gesellig! Damit sind wir beim springenden Punkt. Es geht in Social Media auch um Geselligkeit. Mal angenommen, Sie würden ein öffentliches Fest veranstalten (Twitter ist so etwas, denn Sie haben eine öffentliche Bühne), dann hätten Sie als Gastgeber unterschiedliche Möglichkeiten, Ihr Fest zu sozialisieren. Ein paar davon stelle ich Ihnen jetzt auf Twitter übertragen vor. Suchen Sie sich diejenigen aus, die zu dem passen, wie Sie Ihr öffentliches Fest gestalten würden.

Die Followerbegrüßung ist die beste Möglichkeit, sich mit wahrscheinlich größtenteils unbekannten Followern bekannt zu machen und in Kommunikation zu treten. Es kommt natürlich darauf an, welche Art von Kommunikationstyp Sie sind, denn das kann richtig in Arbeit ausarten, wenn Ihr Account wächst und wächst! Also stellen Sie sich zunächst die Frage:

Würden Sie bei Ihrem „Fest“ alle neu ankommenden Gäste begrüßen?

Wenn ja, können Sie das durch ein einfaches Hallo tun und mehrere Neufollower gleichzeitig erwähnen. Wenn Sie ein besonders persönlicher Mensch sind, könnten Sie sich zuvor das jeweilige Twitterprofil anschauen und sich etwas Persönliches einfallen lassen. Wie gesagt, es kommt auf Ihre Ziele und Ihren Kommunikationsstil an.

Abbildung 3.11: *Ein Begrüßungsbeispiel mit Link in mein http://bit.ly/twitteressum*

Danksagung für Retweets und Erwähnungen

Dies ist eigentlich das wichtigste (nicht nur) Twitterritual. Denn wenn Sie erwähnt wurden oder, noch besser, jemand Ihre Information bzw. Ihre Weiterleitung mit einem „Credit“ versehen hat, dann ist dies wie ein Begrüßungsgeschenk, das

Ihre Gäste Ihnen zu Ihrem Twitterfest machen. Sofern Sie sich im realen Leben für ein Geschenk bedanken, sollte das Danke auch auf Twitter eine Selbstverständlichkeit sein. Nun kommt es wie in vorgenannten Beispielen auch wieder darauf an, was Sie für ein Typ sind, wie viel Zeit Ihnen zur Verfügung steht und was Ihre Ziele sind. Also wieder mindestens drei Varianten:

- Sie bedanken sich bei mehreren mittels gleichzeitiger Erwähnungen (Zeiteffizienz).
- Sie bedanken sich bei jedem Einzelnen (zeitaufwändig).
- Sie bedanken sich, indem Sie den Originaltweet noch einmal mitsenden und kommentieren. Dazu verweise ich noch einmal auf o. g. Studie, die sehr interessante Hintergrundinformationen dazu gibt: *http://bit.ly/Studie_Retweets_FAZ.*

In diesem Zusammenhang möchte ich Ihnen ein weiteres Best-Practice-Beispiel für einen seit vielen Jahren tätigen sogenannten „Silversurfer"-Social-Media-Aktivisten auf den Weg geben. Notieren Sie sich den Twitteraccount von Wolfgang Niederhausen @CoachForYou. Wolfgang ist ein Twitterati, der wie ich cross-medial über alle Netzwerke hinweg agiert. Auf Twitter hat er mit drei Accounts eine Gesamtreichweite von mehreren 100.000 Followern, mit denen er, soweit sie mit ihm kommunizieren, ständig in Kontakt ist. Er zeichnet sich dadurch aus, dass er ein HUB, also ein Verteiler für sein Netzwerk, ist und Kunden dadurch gewinnt, dass er vorlebt, was seine Social-Media-Coaching-Dienstleistung ausmacht.

Abbildung 3.12: *Danksagung mit Originallink*

Der #Followfriday – das Rudelritual bei Twitter

Jeden Freitag werden Sie ein besonderes Phänomen bei Twitter erleben. Die Danksagungen und gegenseitigen Erwähnungen steigen auf einen schier unglaublichen Höhepunkt an. Ich muss gestehen, am Anfang habe ich den Begriff, so deutsch, wie ich erzogen bin, übersetzt und dadurch relatives Unverständnis für die Sinnhaftigkeit des Rituals an den Tag gelegt. Denn wildfremde Menschen empfehlen sich gegenseitig, ohne sich zu kennen.

Dazu brauchte es für mich auch ein wenig Zeit, die Mentalität der Amerikaner zu verstehen, die in vielerlei Hinsicht wesentlich lockerer mit den Dingen umgehen und auch viel lockerer andere Leute empfehlen bzw. ihnen folgen. Meine Beobachtung war und ist, dass die meisten dieser Folgeempfehlung gar nicht nachkommen.

Aber ganz genau betrachtet, braucht es das auch gar nicht, weil der Followfriday ganz nebenher eine andere Funktion erfüllt. Bei besonderem Zeitmangel können Sie sich z.B. die Danksagung bei neuen Followern oder für Erwähnungen und Retweets „ersparen“, weil Sie einen festen Stichtag für Ihr Zeitmanagement haben. Freitags.

Exkurs

Followfriday-Geschichte und #FollowFriday oder #FF Nutzung

Am 16. Januar 2009 ging es mit einem einfachen Tweet los. Micah Baldwin alias @micah schrieb seine erste Followerempfehlung, den Startschuss zum allfreitäglichen Followfriday-Phänomen (*https://twitter.com/micah/status/1124262248*). Am Anfang waren es noch echte Empfehlungen, so wie ich es auch richtig für mich übersetzt habe (Quelle: *http://blog.datenschmutz.net/2009-03/twitter-und-der-follow-friday*). Später arteten diese immer mehr zu dem Ritual aus, das es heute ist.

Die heutige Plattform *www.followfriday.com* gibt Ihnen nicht nur Unterstützung und Überblick über Ihre Erwähnungen, sondern ist gleichzeitig auch ein Ranking, das für jedes Land einzeln die Meistempfohlenen auswertet. Es gibt folgende Auswertungen:

- meistempfohlen in Ihrer Timeline, *http://www.followfriday.com/myff*
- meistempfohlen in Ihrem oder in anderen Ländern
- FFHelper analysiert die Erwähnungen der jeweils letzten sieben Tage. Hier haben Sie diverse Auswahlkriterien, *http://www.followfriday.com/ffhelper*, und können diejenigen aussuchen, denen Sie Ihr Dankeschön zusenden möchten.

Je persönlicher Sie Ihr Dankeschön gestalten, desto besser wird es bei Ihren Followern ankommen. Dass Sie ein Werkzeug dafür benutzen, ist also kein Mangel an Wertschätzung.

Sich gar nicht zu bedanken, das schon! Denn das würde Ihren Ruf nachhaltig zumindest nicht verbessern.

Ein paar Tipps und Ideen für persönliche #FF's oder #Follow-Friday's

- Nutzen Sie entweder den Hashtag #FF oder #FollowFriday.
- Besondere Empfehlungen für Kollegen, Kunden, Freunde bedürfen einer besonderen Hervorhebung. Lassen Sie sich etwas einfallen, was wirklich dem entspricht, was Sie an ihnen empfehlen.
- Wenn Sie eine ganze Gruppe empfehlen wollen, die z.B. aus einer Branche stammt, dann ergänzen Sie den #FF Hashtag um die jeweilige Branche: #HR, #XING Trainer, #LinkedIn Spezialisten, #SocialMedia Experten, #Autoren usw.

Abbildung 3.13: *#FollowFriday für eine Gruppe*

- Oder Sie bedanken sich einfach für die tolle Twitterwoche und Retweets.

Abbildung 3.14: *Wenn Sie das #FF-Kürzel kreativ in ein Wort einbauen wollen, dann müssen Sie nach dem #FF einen Punkt, ein Komma, einen Bindestrich und ein Leerzeichen setzen, damit Twitter dies als Ende des Links werten kann, z.B. @XINGexperte.n oder #FF.ielen Dank , wie in der Abbildung. Weitere #Followfridaytipps: http://bit.ly/FF_riday*

3.2.4 Twitter als Networking-, aber auch Tratschinstrument

Studien zeigen, dass Social Media immer häufiger parallel zum Fernsehen verwendet wird. Twitter nimmt aufgrund seiner Geschwindigkeit unter den Social-Media-Diensten eine ganz besondere Rolle ein, weil kein anderer, durch die #Hashtags bedingt, besser Echtzeitkommunikation bieten kann. Wenn Sie sonntagabends den Hashtag #Tatort *http://bit.ly/Hashtag_Tatort* verfolgen, werden Sie erleben, was das wirklich bedeutet. Das ist aber nur eines von unzähligen Beispielen. Jedes Fußballspiel, #Olympia, die #Tagesschau, in Österreich die #Zib2 haben eigene Hashtags und Communitys, die auf Twitter das diskutieren, was live im Fernsehen passiert. Und brandaktuell hat sogar „Wetten, dass ..?" einen Twitteraccount eröffnet – @WettenDass.

Tipp

Wenn Sie eine Lieblingssendung (ich mag z.B. #scobel sehr) oder ein Thema (z.B. #Wein, #Golf oder #Tennis) haben, dann könnten Sie mit der erweiterten Suche (Umkreis Ihres Ortes) Menschen finden, die relativ nah aus Ihrer Umgebung sind. Da bekommt die Diskussion dann einen gewissen Reallife-Effekt.

3.2.5 Twitter zur Konferenzberichterstattung oder für Journalismus

Eine logische Schlussfolgerung aus der besonders hohen Eignung für Twitters Echtzeitkommunikation ist die Liveberichterstattung zu Events. Presse und Journalismus bekommen eine neue Dimension hinzu, die man sonst nur zu Liveevents im Fernsehen oder Radio hat. Auch spielen #Hashtags eine zentrale Rolle, um die Konferenz oder das Ereignis entsprechend für Interessierte findbar zu machen. So werden Sie bei Großveranstaltungen oft drei Elemente dieser Berichterstattung finden:

1. die Twitterwall (Projektion aller zum Hashtag geschriebenen Meldungen)
2. Presse, die eigens hierfür einen Reporter engagiert – mein Twitter-Traumberuf :-)
3. Veranstalter und Twitterati, die zu dem Hashtag Meldungen und Kommentare abgeben

Hinweis

Eines von zwei Best-Practice-Beispielen in Sachen Liveberichterstattung ist der Österreicher Günter Exel @guenterexel. Als gelernter Journalist und Spezialist für Reisethemen wird Günter weltweit für Livereportagen aus der Tourismusbranche @TravelLiveCC, aber auch für Veranstaltungen aus der Social-Media-Szene als Reporter für die Twitteria eingesetzt. So war er maßgeblich an dem #truegreece-Event beteiligt, zu dem die Reiseindustrie Reiseblogger aus der ganzen Welt eingeladen hatte.

Hinweis

Ein weiteres Beispiel aus der Tourismusbranche stellt ein „Kollektiv" dar, das unter @twit_ski firmiert und ein konkretes Geschäftsmodell rund um Skilaufen, Skihersteller, Skiorte und Sportsponsoren gestrickt hat, dessen Zentrum ebenso Liveberichte von Skievents und Sponsoringveranstaltungen um Österreichs beliebteste Sportarten sind. Mit von der Partie: @eaglepowder und der gebürtige Südtiroler und IronMan @CristianGemmato.

3.2.6 Kuratieren mit Twitter (Aggregatoren)

Durch Social Media hat sich ein weiteres ganz neues Arbeitsfeld ergeben, das wir eigentlich aus der Kunst kennen: das Kuratieren.

Exkurs

Wikipedia zum Kuratieren: *http://de.wikipedia.org/wiki/Kurator*

Im Journalismus, speziell im Onlinejournalismus, versteht man darunter eine zusätzliche Funktion von Journalisten, nämlich wie sie die Ergebnisse ihrer Recherchen einordnen und aufbereiten, kurz: fremde Inhalte kuratieren.

Wenn Sie schon einmal etwas von Pinterest *www.Pinterest.com* – der am stärksten boomenden Bildercommunity – gehört haben, in der jeder Bilder einer bestimmten Rubrik zuordnet, können Sie sich gut vorstellen, was das auf Social Media bezogen bedeutet. Ich habe z.B. die wichtigsten Twitterthemen bildlich sortiert für Sie kuratiert: *http://pinterest.com/networkfindercc/twitter-fit-2-twitt.*

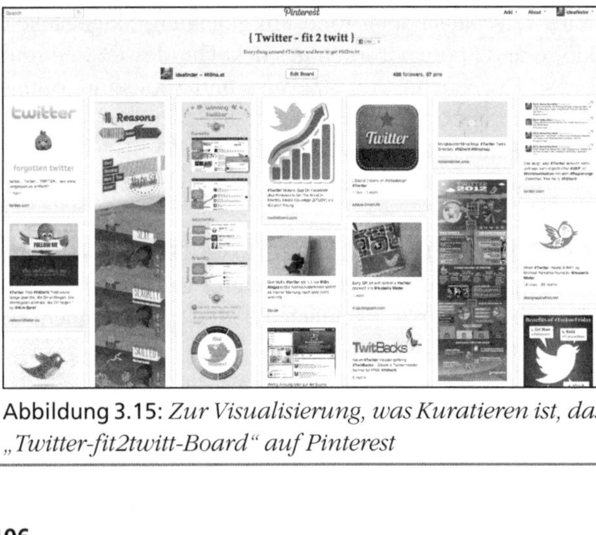

Abbildung 3.15: *Zur Visualisierung, was Kuratieren ist, das „Twitter-fit2twitt-Board" auf Pinterest*

Bezogen auf Twitter ist auch hier der Hashtag das zentrale Instrument, um ein Thema sinnvoll kuratieren zu können. Es gibt dafür unterschiedliche Anwendungen. Zum einen bietet Twitter selbst neuerdings das schon besprochene Widget (Kapitel 2.1.6) an, mit dem Sie Hashtags, Twitterlisten, Ihre Timeline oder die eines anderen Twitterati und Ihre Favoriten darstellen können.

Abbildung 3.16: *Links: das Twitterwidget auf einer Webseite eingebunden; rechts: das API Werkzeug Storify.com @Storify*

Weitere Möglichkeiten des Kuratierens bestehen in wiederum zusätzlichen Werkzeugen, von denen ich mehrere kurz in Kapitel 4 vorstellen werde. Grundsätzlich greifen alle Werkzeuge auf die Twitter-API zu und aggregieren Informationen nach Ihren Wünschen. Es gibt über die bisher beschriebenen Varianten des Echtzeitkuratierens hinaus, auch so etwas ähnliches wie individuelle „Zeitungsformate" (z.B. *http://bit.ly/PaperLi* oder *http://www.twylah.com*), die Sie auf Basis von #Hashtags, Listen und @Twitteraccounts zusammenstellen. Manche dieser

Aggregatoren greifen gleichzeitig auf mehrere Social-Media-Plattformen zurück. Beim *http://bit.ly/Rebelmouse_Aggregator* (Zugriff auf Facebook Pages, persönliche Seiten, Instagram und Twitter) können Sie darüber hinaus zusätzlich eigene Beiträge einstellen und bereits vorhandene editieren.

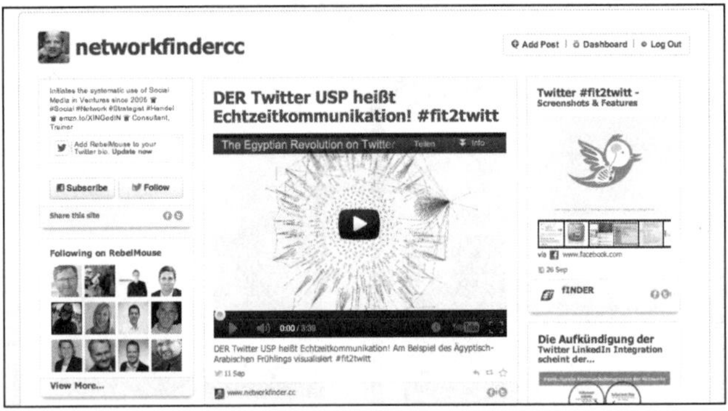

Abbildung 3.17: *Der http://bit.ly/Rebelmouse_Aggregator*

3.3 Twitter als Trafficlieferant

Wenn das Zentrum einer gewerblichen Tätigkeit Ihre Internetpräsenz – die Webseite oder das Blog – ist, dann spielen soziale Netzwerke eine wichtige Rolle, um die Menschen dort abzuholen, wo sich diese am liebsten aufhalten. Denn Sie werden niemals alle über ein einziges Netzwerk/eine einzige Plattform erreichen können, weil jeder Nutzer seine technischen, aber auch realen Netzwerkpräferenzen hat. Eine kürzlich veröffentlichte Studie aus Schweden, *http://bit.ly/Studie_zum_Alter_in_Netzwerken*, macht sehr eindrücklich klar, wie sich schon aus demografischen Gründen die Nutzer unterschiedlich verteilen.

Verlassen Sie sich besser nicht allein darauf, dass Ihre Inhalte noch besser über Google & Co. gesucht werden (Suchmaschinenoptimierung Ihrer Webseite), sondern gehen Sie aktiv zu den Orten, wo potenzielle Interessenten Ihrer Inhalte sich aufhalten. Dadurch können Sie die Reichweite Ihrer Webseite enorm steigern.

Twitter ist auf jeden Fall auch als Trafficlieferant tauglich. Allerdings müssen Sie für Twitterleser auf Ihrer Webseite zuerst Ihre Hausaufgaben machen:

- Reichweite (Follower aufbauen – Akquisition)
- Interaktion (Beziehungen entwickeln und Vertrauen aufbauen)
- gute Inhalte (eigene Inhalte produzieren und Inhalte von Influencern weiterempfehlen)

Exkurs

Gerne gebe ich Ihnen einen Einblick in das, was sich durch meine Twitteraktivitäten verändert hat. Im Februar 2009 eröffnete ich meinen ersten Account und leitete quasi nur Links aus XING und von meinem alten Blog über meinen Twitteraccount zu Facebook, ohne mich wirklich um das Twitternetzwerk zu kümmern. Also hatte Twitter für mich aus Webtrafficsicht auch keinen Erfolg. Ich hatte es schlichtweg noch nicht verstanden. Mit dem Start meines neuen Blogs im September 2010 sollte das anders werden. Die Twitteraktivitäten brachten mir insgesamt eine Steigerung von 32 % meiner Seitenbesuche!

- Mein gesamter Blogtraffic wuchs (1. Zeitraum altes Blog = 31 Monate und 2. Zeitraum neues Blog 24 Monate) um 520 %.
- Allein 379 % dieses Mehrtraffics kommen von Google und direkten Links.
- Aus meinen Twitteraktivitäten stammen 32 % der Mehrbesucher meines Blogs.
- Der Rest verteilt sich auf Facebook und andere Plattform-/Internetaktivitäten.

Exkurs

1.	google / organic	33,49 %	1.	google / organic	40,71 %
2.	(direct) / (none)	25,66 %	2.	(direct) / (none)	29,89 %
3.	misha.at / referral	11,95 %	3.	facebook.com / referral	9,63 %
4.	facebook.com / referral	2,47 %	4.	t.co / referral	3,57 %
5.	blogger.com / referral	4,90 %	5.	linkedin.com / referral	2,41 %
6.	yasni.de / referral	1,33 %	6.	twitter.com / referral	1,45 %
7.	terminfinder.blogspot.com / referral	1,47 %	7.	google.de / referral	1,42 %
8.	images.google.de / referral	1,13 %	8.	hootsuite.com / referral	1,15 %
9.	netz-wirkung.blogspot.com / referral	1,06 %	9.	plus.google.com / referral	0,57 %
10.	123people.de / referral	0,86 %	10.	pinterest.com / referral	0,54 %

Abbildung 3.18: *Links: Verteilung altes Blog; rechts: Verteilung neues Blog*

Ich weiß, es gibt auch viel positivere Zahlen, die im Web kursieren und wesentlich mehr versprechen, als ich es tue. Sie stammen dann in der Regel aus der Szene sogenannter Marketer bzw. auch Affiliate-Marketingsysteme, deren Strategie aber auch nur ganz selten Kommunikation in den Vordergrund stellt. Marketer, die ganz besonders hohen Traffic durch Twitter generieren, werden Sie ganz schnell daran erkennen, dass sie immer wieder die gleichen Inhalte in permanenter Dauerberieselung in den Äther jagen, dies dann auch noch vollautomatisiert, was Ihrem hoffentlich hochwertigen Anspruch nicht gerecht würde.

Sie sollten unbedingt den Faktor, Besucher auf Ihre Seite generieren zu wollen, nur als einen Teilaspekt der Gesamtaktivitäten sehen. Es sei denn, Ihr Business hat niederschwellige Produkte (Bücher, E-Books, Abos, eBay etc.) anzubieten, die man leicht mal eben so mitnehmen kann. Für solche Produkte sollten Sie sich eine einzelne Landingpage, *http://de.wikipedia.org/wiki/Landing_Page*, bauen lassen, damit Ihr Ziel auch ganz eindeutig eingegrenzt ist.

Aber auch dann werden Sie auf die drei wichtigsten Bausteine für Erfolg in Social Media – Reichweite, Interaktion und Inhalte – nur dann verzichten können, wenn Sie bereits ein Star in den Social Media sind. In der Regel würden Sie dann aber nicht dieses Buch kaufen.

Die wichtigsten Messinstrumente für Ihren Traffic:

- URL-Kürzer (Klicks *http://de.wikipedia.org/wiki/Kurz-URL-Dienst*)
- Google Analytics misst den Traffic Ihrer Website.
- Twitterclients messen über eigene URL-Kürzer Klicks (Buffer, Hootsuite etc.).

Abbildung 3.19: *Statistische Werte über die Bufferapp zeigt RT (2), Erwähnungen (0), clicks (144), Reichweite (112.000 = 112k) und Favorisierungen (0).*

3.4 Akquisition mit/auf/für Twitter

Der wichtigste Aspekt der Akquisition auf Twitter sind die richtigen Follower oder auch Menschen, die sich für Sie und Ihre Inhalte interessieren bzw. sich mit Ihnen unterhalten wollen. Wenn Sie auf Kundenakquise aus sind, ist der erste Schritt i.d.R. auch im „Reallife“ ein persönliches Gespräch.

Übersetzt auf Social Media heißt das, Sie und Ihr Gegenüber brauchen eine gegenseitige Kommunikationsbereitschaft, damit es überhaupt eine Chance zur Akquisition geben kann.

Die schon besprochenen Möglichkeiten aus Kapitel 2.2.3:

- schauen, wer von Ihren „real existierenden“ Kontakten auf Twitter ist
- bei für Sie interessanten Personen und/oder Inhalten #Hashtag beginnen
- deren Kommunikation beobachten und interessanten Followern folgen
- Followerlisten anschauen, ggf. folgen und interessanten Accounts folgen
- erweiterte Suche verwenden und Umkreissuche für regional nahe Personen verwenden

Nun ein paar weitere Ideen und Möglichkeiten zum Followeraufbau bzw. auch technische Hilfsmittel, von denen ich Ihnen gerne ein paar aufzählen werde; andere, die vollautomatisiert zum Followeraufbau führen können, benenne ich zwar, aber von ihnen rate ich ab.

- Das *Tweetranking.com* (aka @tweetranking) ist ein Empfehlungswerkzeug aus dem deutschsprachigen Raum, in dem Sie aus über 30.000 Kategorien auswählen können.
- Die österreichische Plattform Social Media Radar gibt monatlich ein Twitterranking heraus, das nach österreichischen Followern sortiert, *http://bit.ly/SoMeRadar_AT_Twitter*.
- In Deutschland finden Sie als Twitterranking *http://www.twem.de/~charts* (aka @twem_de), hier sind alle Follower auch nach Städten sortiert.

- Die Schweizer haben *http://twittercharts.ch* als Rankingtool.

Achtung

Dann gibt es noch Followerautomatisierungen. Alle funktionieren nach dem Prinzip „Folge ich dir, folgst du mir". Das heißt, Sie geben einem Roboter die Aufgabe, Accounts mit bestimmten Inhalten in einer bestimmten Region zu finden, zu folgen und, wenn diese nicht zurückfolgen, nach einer festgelegten Zeit wieder zu entfolgen. Solche Roboter ermöglichen auch, automatisch eine Standardnachricht als persönliche Nachricht zu senden, sobald ein Account Ihnen folgt, UND darüber hinaus Nachrichten vollautomatisch in die Twittertimeline zu posten. Damit lassen sich richtig große, 5-, 6-, 7-Tausend Follower und weit über 10.000 und 100.000 Follower umfassende Twitterkonten in relativ geringer Zeit aufbauen. Sie hätten Punkt 1 (theoretische Reichweite) abgehakt.

Das ist doch echt cool, oder?

Aber mal ehrlich, wie wollen Sie nach einem unpersönlichen Kontaktaufbau in solchen Größenordnungen so persönlich werden, dass ein Vertrauensverhältnis entstehen kann? Wie fühlen Sie sich, wenn Sie jemandem folgen und der schreibt mittels persönlicher Nachricht auf XING als Erstes: „Schön, dass Sie mein Kontakt sind >> klicken Sie meine Facebook-Seite." Sie verstehen, was ich meine? Da passt was nicht.

Geht es denn noch cooler?

Sie könnten sich Follower kaufen. Wenn Sie im Internet recherchieren, werden Sie bei der ersten Eingabe sehen, dass es möglich ist, 1000 Pfund Follower oder Fans für 14,95 zu bekommen. Oder möchten Sie doch lieber 25.000 Follower à 0,007 cts (175 U$)?

Merke: Wenn es Ihnen um einen nachhaltigen Auftritt in Social Media geht, machen Sie bitte nur das, was zur Qualität Ihres Unternehmens passt.

Ein seit Jahren als Best-Practice-Beispiel gehandeltes Großunternehmen, das Umsatz mit Twitter macht, ist der Computerdirektvertrieb DELL. Schon im Jahr 2009 meldete Bloomberg einen Umsatz in Höhe von 6,5 Mio. US-Dollar über seinen Twitterkanal @Dell. Als branchennaher Direktvertrieb ist @Dell über die meisten Social-Media-Kanäle inklusive Facebook und YouTube vertreten.

Sie erinnern sich ggf. noch an das Beispiel von @Malerdeck (Handwerksbetrieb und Franchisesystem). Auch das Unternehmen von Herrn Deck konnte die Umsätze seit Einsatz sozialer Medien laut eigenen Angaben um 132 % steigern.

Erst kürzlich berichtete mir der Webdesigner @ernst_michalek aus Wien, dass er wider Erwarten gerade über Twitter nur durch Networking mit der Twitteria und Teilen von werthaltigen Informationen konkrete Aufträge generiert.

Die schon erwähnte @SoftwareAG, deren Social-Media-Matrix Sie in Kapitel 2.2 sehen konnten, ist in einem B2B-Segment unterwegs, wo es in der Regel um (Softwarelizenz- und Projekt-)Aufträge (sechs- und auch siebenstellige Eurobeträge) geht.

Chief IT Architect Dr. Christoph F. Strnadl @archimate erläuterte erst kürzlich auf einer Konferenz, dass die Akquisitionsprozesse in diesem Großprojektsegment äußert langwierig sind und die Präsenz in Social Media inklusive Twitter Networkingkontakte zu einem viel früheren Zeitpunkt ermöglichen, als es im Real Life möglich ist. Die 127 Social-Media-Kanäle dienen also auch (nicht nur) dazu, das vorgelagerte Networking mit zukünftig potenziellen Interessenten aktiv zu betreiben.

Hinweis

Networking ist eine Episode im Akquisitionsprozess „Thorsten Hahn – Bankingclub"

In seinem Buch „Die 77 Irrtümer im Networking" spricht Herr @ThorstenHahn davon, dass man bei der Akquisition immer 100 % Akquisechancen hat. Verpatzt man diese jedoch im ersten Moment, sinken sie unweigerlich auf null. Kommuniziere ich aber so, dass ich alles für den Zeitpunkt offen lasse, zu dem mein Gegenüber ein aktives Interesse oder Bedarf an meinem beruflichen Tun hat, bleibt mir über den kompletten Zeitraum eine 100%ige Akquisechance erhalten.

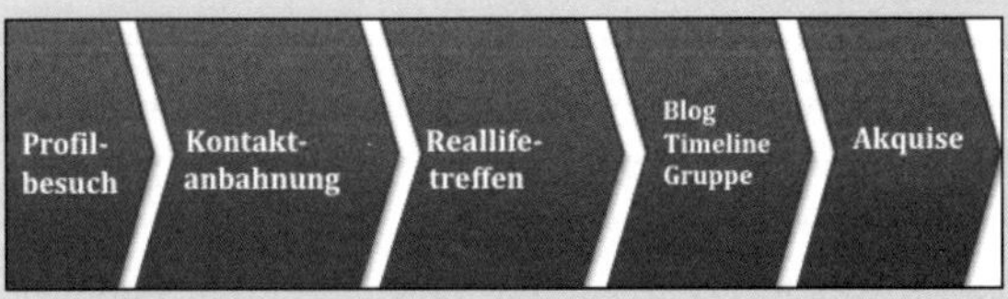

Abbildung 3.20: *Episoden im Akquisitionsprozess in sozialen Netzwerken (aus dem Buch „Die besten Erfolgsstrategien im Business-Networking" von Michael Rajiv Shah)*

3.5 Twitter als Contact-Relationship-Management(CRM)-Nutzen

Ganz gleich, wie groß Ihre Kapazität zur Verarbeitung von Informationen ist, Sie können es sich auch einfach machen, Ihre Follower und Inhalte mit den Twitterlisten zu verwalten und so spezielle Timelines zu erzeugen, die #Hashtag-unabhängig sind. Bei den Twitterlisten geht es in erster Linie um eine Art „Kontaktverwaltung“, wie Sie es ggf. schon von den „Circles – Kreisen“ bei Google+ oder Freundeslisten bei Facebook her kennen. Dabei haben Sie immer die Möglichkeit, eine Liste für alle öffentlich sichtbar zu schalten, sodass auch andere Ihren Listen folgen können, oder privat zu machen, sodass nur Sie diese sehen.

Ich folge mit meinem Hauptkonto @networkfindercc derzeit etwas über 800 Twitterati, bei denen es natürlich ganz unterschiedliche Gruppen und Prioritäten der Kommunikation, Interaktion, aber auch der reinen Beobachtung (Monitoring) gibt. Mit den Twitterlisten können Sie alle Arten von Twitterati kategorisieren. Selbstverständlich sind diese auch wieder durch unterschiedliche Fremdanwendungen über die API organisierbar.

3.5.1 Warum Twitterlisten als Kontaktmanagement geeignet sind

Folgen, ohne zu folgen – so können Sie Inhalten interessanter Accounts folgen, denen Sie sich persönlich nicht so verbunden fühlen, diese beobachten (z.B. Zeitungen) und dennoch interagieren. Das Monitoring von Listen ist auch in der mobilen Twitteranwendung machbar. Aber auch hier ist der mobile Twitterclient Hootsuite vorteilhafter. Die Browservariante von

Hootsuite gibt ebenso wie für Suchen die Möglichkeit, bis zu 10 Listen in einer Übersicht parallel anzuzeigen.

Gruppen von Twitterati organisieren – Beispiele:

- Ihre Kunden (private Liste)
- Twitterati, die Sie persönlich kennen
- Twitterati, mit denen Sie bestimmte Veranstaltungen besuchen
- Twitterati, die Sie z.B. beim #Followfriday empfohlen haben
- Listen zu bestimmten Themen (macht sich besonders gut, wenn Sie die zuvor besprochenen Aggregatoren verwenden wollen)

Tipp

Merke: Fangen Sie jetzt an, Ihre Listen einzurichten. Je später Sie damit beginnen, desto mehr Arbeit macht es. Gewöhnen Sie es sich an, dass Sie bei jedem Profil, das Sie besuchen, unweigerlich auch daran denken, ob eine entsprechende Kategorisierung sinnvoll ist.

3.5.2 Wie Sie Twitterlisten einrichten und verwalten

Auf Twitter selbst ist es leider etwas umständlich, denn ganz unabhängig davon, ob Sie schon eine eingerichtet haben oder nicht, müssen Sie jedes einzelne Profil oder die Übersicht der Neufollower ansteuern.

Twitterliste erstellen

Klicken Sie auf den Button mit dem Figur-Icon neben dem *Folgen*-Zeichen. Wählen Sie dann aus dem Menü *Hinzufügen oder Entfernen aus Listen* und erstellen Sie für den jeweiligen Twitterati eine Liste oder fügen Sie ihn einer bereits bestehenden Liste hinzu. Es ist, wie gesagt, unerheblich, ob Sie ihm folgen oder nicht.

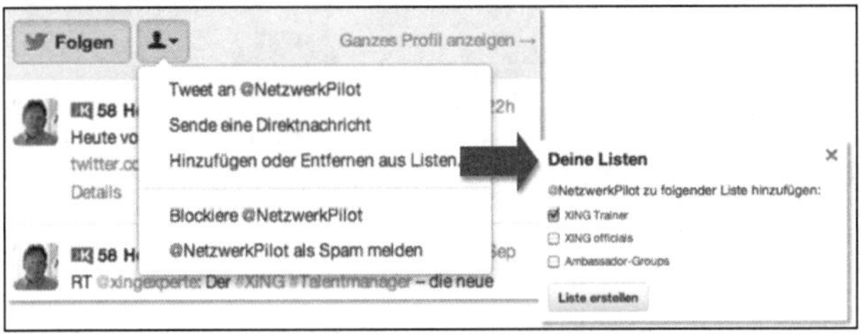

Abbildung 3.21: *So fügen Sie Twitterati einer Liste hinzu.*

Sie sehen, das ist relativ aufwendig, wenn Sie dies für jeden einzelnen Follower machen. Aus diesem Grund empfehle ich Ihnen unbedingt die Arbeit mit einem Twitterclient wie Hootsuite oder auch Tweetdeck, die in Kapitel 4 kurz vorgestellt werden, oder auch Anwendungen wie icotile, *http://icotile.ogaoga.org.* Deren besonderer Vorteil in Sachen Twitterlisten ist das Drag&Drop-Verfahren, das auch den Kern der Google+ Circles darstellt. Mit Icotile können Sie Ihre Listen ganz einfach editieren, indem Sie mit Ihrer Maus einen Twitterati markieren und einer weiteren Liste zuordnen oder aus der jeweiligen Liste löschen. Wenn Sie das Foto anklicken, erscheint gleichzeitig die komplette Twitter BIO, sodass Sie wissen, wer die Person ist und was sie macht.

Abbildung 3.22: *Browseranwendung http://icotile.ogaoga.org*

3.6 Twitter vernetzt Kulturen

Twitter wurde u. a. dadurch so groß, wie es heute ist, dass es auf Basis der API jedem Entwickler ermöglichte, eine eigene Twitter Applikation zu schaffen, die die Schwäche der nur 140 Zeichen in eine Stärke verwandelte. Ähnliches gilt übrigens auch für Facebook. An beiden Plattformen hängen ganze Heerscharen von externen Entwicklern und Programmierern. Sie werden kaum noch einen Webanbieter (Zeitungen, Vereine, Unternehmen, Blogs etc.) finden, der nicht irgendwo auch ein Twittersymbol zur Weiterleitung von Informationen über Twitter hat.

Exkurs

Seit Dezember 2011 ändert Twitter massiv seine Politik. Twitter will eine ähnlich eigenständige Plattform werden wie alle anderen. Dies hat mehrere Konsequenzen.

- Als Erstes wurde die Partnerschaft mit LinkedIn für automatisch eingehende Tweets eingestellt. Weiterhin sind ausgehende Tweets von LinkedIn auf Twitter sogar über mehrere Twittereinzelaccounts möglich. Ich persönlich befürworte das aufgrund der soeben erläuterten unterschiedlichen Sprachkulturen sehr. (Über Clients können nach wie vor Tweets an LinkedIn gesendet werden, *http://bit.ly/Twitter_LinkedIn_Verbindung*.)
- Erst vor wenigen Wochen verkündete Twitter neue API-Richtlinien; dies bedeutet für eine Vielzahl der Tausenden Twitterapplikationen, die seit der Gründung entstanden sind, das Aus. Aus diesem Grund bitte ich um Verständnis, denn es kann gut sein, dass es die eine oder andere kleine Applikation, die in Kapitel 4 erwähnt wird, ggf. bald nicht mehr gibt. Die großen Clients wie Hootsuite und Tweetsdeck (wurde von Twitter gekauft) werden wahrscheinlich nicht davon betroffen sein.

Wenn Sie von XING, Facebook (Twitterconnect), Google+ (hier geht dies nur über zusätzliche Browseranwendungen) oder LinkedIn aus einen Link auf Twitter teilen, müssen Sie immer an folgende Dinge denken:

1. Ihre Information im Ursprungsnetzwerk wird auf der Seite von Twitter nach 119 Zeichen, + [1 Leerzeichen] + [20 Zeichen für den jeweiligen Link] getrennt. Twitter stehen ja

nur 140 Zeichen zur Verfügung. Die Folge: Längere Sätze oder Gedanken werden abgehackt, z.B. bei der automatischen Twitterconnectverbindung von Facebook.

2. Jedes Netzwerk hat eine andere Kultur und Sprache. Nirgends wird das so deutlich wie bei Twitter gegenüber den anderen Netzen. 140 Zeichen UND die Hashtags trennen diese Welten, obwohl Twitter lange das einzige Bindeglied war. Wenn Sie von Twitter aus auf Facebook sharen, werden manche insbesondere wegen der Hashtags und manchmal extrem verkürzten Sprache die Nase rümpfen.

Tipp

Merke: Teilen Sie Inhalte möglichst separat je Netzwerk. Führen Sie je Posting eine auf das jeweilige Netzwerk abgestimmte Ansprache hinzu, damit die Kommunikation zur Zielgruppe passt. Das gilt auch, wenn Sie mittels Clients wie Hootsuite posten.

Von Twitter automatisch zu Facebook posten

Twitter hat für Facebook (noch) eine eigene Applikation, die Sie in Ihren Profileinstellungen finden. Dort können Sie zwischen Facebook Page und persönlicher Seite entscheiden: *https://twitter.com/settings/profile.*

Von Facebook aus automatisch twittern

Hier können Sie aus allen Facebook Pages, die mit Ihrem persönlichen Account verbunden sind, aber auch Ihrem persönlichen Account auf Twitter posten: *http://www.facebook.com/twitter/.*

Wenn Sie sich nochmals die Matrixseite der Software AG anschauen, werden Sie sehen, wie fein säuberlich jeder der 127 Kanäle (wir sind hier allerdings bei einem Unternehmen mit weltweit 6000 Mitarbeitern) eigene Inhalte und eigene Kommunikation je Kanal betreibt: *http://bit.ly/SocialMedia_Center*.

3.6.1 Twitter und weitere Applikationen

Facebook ist „nur" eine der häufigsten Zweitapplikationen, die Nachrichten auf Twitter posten. Fast jedes Werkzeug in der Social-Media-Welt hat diese Möglichkeit. Aus diesem Grund erwähne ich noch ein paar der Tools, die vor allem von mobilen Anwendern ihre Spuren auf Twitter hinterlassen.

- Foursquare – ein geolokaler Dienst, mit dessen Hilfe mobile Nutzer den Ort bekannt geben, an dem sie sich aufhalten
- Pinterest = der Fotodienst, den Sie beim Beispiel des „Kuratierens" als Screenshot kennengelernt haben
- Instagram = ein weiterer Fotodienst, auf dem hauptsächlich selbst fotografierte und editierte Fotos hochgeladen werden (wurde 2012 von Facebook gekauft)
- Aggregatoren = Formate, die aufgrund von #Hashtags, Listen und Accounts Informationen zusammenstellen

Hinweis

Ihre Take-aways

Das Wichtigste an Twitter ist Kommunikationsbereitschaft.

- Erst wahrnehmen (zuhören), verarbeiten (verstehen) und dann handeln (twittern).
- Wer interessante Tweets seines Netzwerks retweetet, macht sein Netzwerk stark.
- Twitterrituale wie das Begrüßen und Bedanken gehören zum Twittern wie im realen Leben.
- Twitter ist nur für sehr eingeschränkte Zielgruppen ein direkter Akquisitionskanal, für die meisten ist es immer ein indirekter.
- Konferenzen und Reallife-Treffen sind die Krönung der Twitterei.
- Wer mit Twitter Traffic generieren möchte, braucht neben guten Inhalten ein gutes Netzwerk.
- Listen sind die Basis eines gezielten Beziehungsmanagements.
- Die 140 Zeichen und #Hashtags trennen Twitter von Facebook & Co.

4

Das Twitterversum und die Tools

So schade es ist, dass Twitter von seinen Ursprüngen abweicht, so klar ist auch, dass es immer Zusatzwerkzeuge geben wird, die Twitter rund machen. Wenn Sie immer aktuelle Presse zum aktuellen Geschehen bzw. Neuigkeiten rund um Twitter interessiert, empfehle ich Ihnen, einen Alert bei Google anzulegen, http://www.google.at/alerts, der Sie auf dem Laufenden hält, oder den Tweets vom @fit_2_twitt-Account zu folgen.

4.1 Die Dashboards unter den Twitter-Tools

Exkurs

Wikipedia-Definition: Die Twitter-API erlaubt die Integration von Twitter in andere Webdienste und Anwendungen. Twitter kann neben spezialisierten Clients auch in verschiedenen anderen Programmen verwendet werden, beispielsweise im Kundenbeziehungsmanagement-Dienst Salesforce.com, den Instant-Messaging-Client-Diensten Adium, Digsby oder im Flock-Browser. T-Mobile USA hat in sein Sidekick-Mobiltelefon neben Facebook auch Twitter integriert.

Mittels Erweiterungen lassen sich zusätzliche Informationen über den Absender und die Empfängergruppe anzeigen, wie etwa den jeweiligen Standort auf dem Kartendienst Google Maps. Mit spezialisierten Clients wie TweetDeck lassen sich Nachrichten übersichtlicher darstellen. So kann auch bei mehreren Twitterkonten die Übersicht behalten werden (*http://de.wikipedia.org/wiki/Twitter#Schnittstellen*).

Ein Dashboard ist eine Instrumententafel. Es zeigt komprimiert Informationen an, wie z.B. gleichzeitig die unterschiedlichen Informationsstreams (Timelines) Ihres Twitterkontos. Die mit am häufigsten genutzten, mit denen Sie sowohl mehrere Twitterkonten als auch Facebook verwenden können, sind Tweetdeck und Hootsuite (hat auch XING, LinkedIn, Google+ integriert). Tweetdeck gehört zu Twitter und wird daher ganz sicher immer ein Teil des Twitterversums sein. Eine Umfrage aus den Vereinigten Staaten unter Vermarktern und Agenturen zur häufigsten Clientnutzung: *http://bit.ly/Umfrage_Twitterclients_USA*.

Hinweis

Der wesentlichste Unterschied zwischen Tweetdeck und Hootsuite ist die Komplexität. Tweetdeck hat visuell nur eine Ebene, auf der Sie die Kanäle bespielen können. Hootsuite kann je nach Preismodell (die kostenfreie Variante bedient drei Netzwerke) grenzenlose Ebenen mit jeweils zehn Timelines anzeigen.

Die wichtigsten Funktionen, die beide Dashboards haben:

- mehrere Twitterkonten bedienen
- die persönliche Facebook Page bedienen
- Postings und Tweets händisch vorprogrammieren
- Fotos über den jeweils eigenen Server abspeichern und hochladen
- URL Kürzer verwenden (Tweetdeck mit bit.ly-Kontenanschluss)
- Browserextension für den One-Click-Share
- Listenerstellung direkt aus der Timeline heraus
- mobile Versionen

Was ist besonders an @Tweetdeck?

- Tweetdeck gibt es auch als Desktopversion auf Ihrem Rechner. Diese kann auch Facebook Page Kommunikation betreiben (bei der Webversion geht das nicht)
- komplette Timelinedarstellung auf einer visuellen Ebene

- Tweetdeck kann alle Twitterlisten in einer Übersicht verarbeiten
- Einzelnen Streams kann ein Klang hinzugefügt werden, sodass Sie z.B. erfahren, wenn Sie markiert wurden
- die „Me"-Funktion, die nur Erwähnungen aus allen hinterlegten Konten meldet

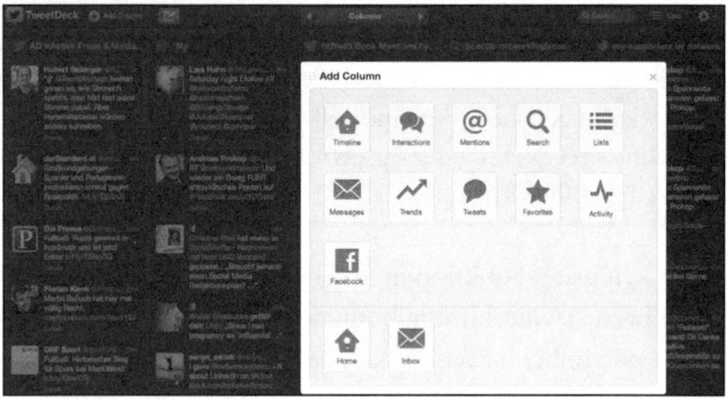

Abbildung 4.1: *Tweetdeck, http://www.tweetdeck.com*

Was ist besonders an @Hootsuite?

- mehrere Facebook Pages bedienen
- zusätzliche Bedienung von XING, Google+ Pages, LinkedIn (persönliches Profil, Jobs, Gruppen, Unternehmensprofile), Foursquare, MySpace, Wordpress und mixi
- Twitterlisten können per Drag&Drop verwaltet werden
- Die Vorprogrammierung errechnet automatisch optimale Zeiten.
- über 25 integrierte Apps (YouTube, Instagram, Storify, SocialBro, RSS Feed etc.)
- Sie können RSS-Feeds in Ihre Timeline einlesen.

- Der Account ist mit mehreren Personen bedienbar.
- statistische Auswertungen inkl. Google Analytics
- eigener URL-Kürzer
- Hootsuite zeigt komplette Kommunikationsstränge an. Tweetdeck macht diese leider nicht außerhalb des Systems sichtbar.

Abbildung 4.2: *Hootsuite, http://bit.ly/ Tweet_with_Hootsuite*

Liste weiterer Dashboard-Twitterclients:

- @Socialoomph – ein Dashboard mit Autofollow-Funktion, *https://www.socialoomph.com*
- @cotweet – ein Client, der speziell für Unternehmen programmiert wurde, *http://cotweet.com*
- Buffer – der Client zur Vorprogrammierung von Tweets und Postings

Das Tolle an vielen Twitterclients ist die Einfachheit und deren Fokus. Die *http://bufferapp.com* ist so ein einfaches Beispiel. Ihr Hauptziel ist, das Twittern und Posten zum richtigen Zeitpunkt zu gewährleisten. Dazu hat Buffer in der kostenfreien Basisversion unterschiedliche editierbare Zeitpunkte über den Tag hinweg voreingestellt. Wenn Sie die optimalen Zeiten auswerten lassen wollen, um diese automatisch mit der Bufferapp zu verbinden, dann sollten Sie sich unbedingt mit @SocialBro beschäftigen, das in Kapitel 4.9.1 erläutert wird. 6 für Twitter, 4 für LinkedIn und 2 für Ihre Facebook Page. Sie können max. drei Accounts auswählen. Außerdem können Sie zu statistischen Zwecken Ihren eigenen URL-Kürzer verbinden.

Abbildung 4.3: *Browserextensions Bufferapp, Hootlet, Tweetdeck*

Haben Sie zusätzlich die Google Chrome-Browserextension installiert, können Sie, während Sie einen interessanten Artikel gefunden haben (wie auch bei Hootsuite und Tweetdeck, die auch auf allen anderen Browsern laufen), mit einem Klick die Applikation aktivieren.

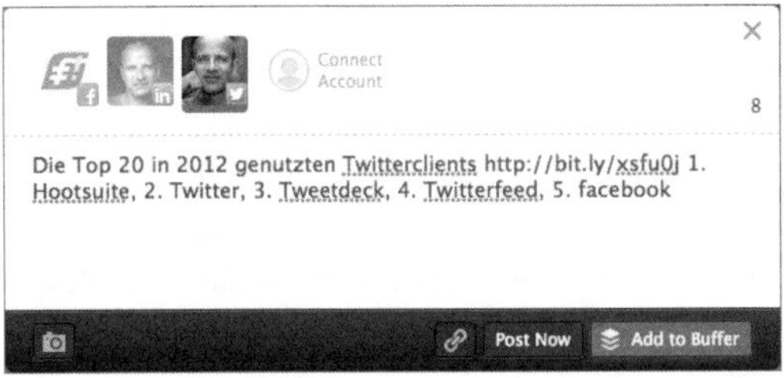

Abbildung 4.4: *@Bufferapp ist ein Start-up aus Österreich, das weltweite Beachtung findet und laut einer amerikanischen Umfrage mit 1500 Marketern an Platz 13 der am häufigsten genutzten Twitterclient rangiert.*

Buffer bietet darüber hinaus auch statistische Auswertungen über die Reaktionen Retweets, Erwähnungen, der Reichweite und Favorisierungen an (Kapitel 3.4).

4.2 Kurz-URL-Dienste

Kurz-URL-Dienste sind aufgrund der 140 Zeichen logischerweise erst mit dem Aufkommen von Twitter entstanden. Twitter selbst hat zwar mittlerweile dafür gesorgt, dass jede lange URL auf 20 Zeichen gekürzt wird, dennoch leben URL-Kürzer weiter. Der Grund dafür liegt in den zusätzlichen Statistikdaten, die mancher Dienst automatisch mitliefert (*http://de.wikipedia.org/wiki/Kurz-URL-Dienst*).

Auch wenn fast jede Plattform eigene Kurz-URLs hat und auch Sie eine kaufen können, ist *http://Bit.ly* der weltweit meistverwendete plattformunabhängige Kurz-URL-Dienst.

- fb.me = Kürzel von Facebook
- linkd.in = Kürzel von LinkedIn

- xing.com = XING verwendet seine Hauptdomain.
- t.co = Twitter-Kürzel
- ow.ly oder ht.ly sind Kürzel von Hootsuite
- tinyurl.com = ein unabhängiger Dienst wie Bit.ly

Wenn Sie bei Bit.ly einen Account eröffnet haben, können Sie darüber theoretisch Ihre kompletten Statistikdaten analysieren und ein paar weitere Funktionen verwenden.

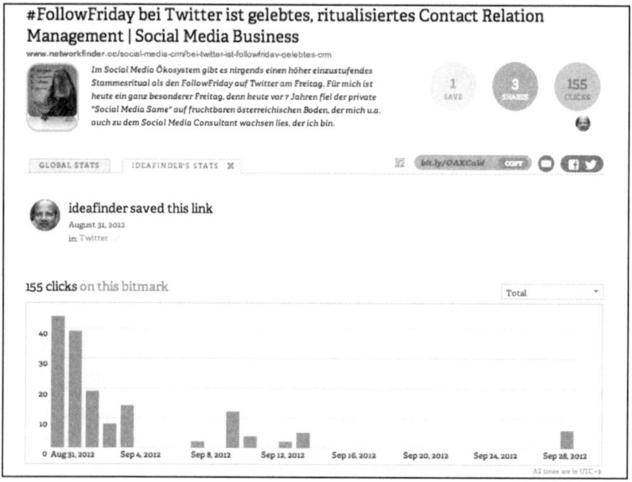

Abbildung 4.5: *Statistikdaten des http://bit.ly/FollowFriday_CRM-Links*

Weitere Bit.ly-Funktionen:

- den automatisch gekürzten *http://bit.ly/OwRXEA-Link* händisch umbenennen

- Links kuratieren, in einem sogenannten Bundle thematisch zusammenstellen
- eine Browserextension verwenden, die jede Seite, auf der Sie sind, kürzen kann
- wenn gewünscht, als Twitter- oder Facebook-Client zum Posten verwenden
- Statistikdaten einzeln und gesammelt zur Verfügung stellen
- Bit.ly in Ihr Blog integrieren, sodass automatische Links erstellt werden
- Bit.ly in Tweetdeck integrieren, damit Ihnen automatisch Links zugeordnet werden
- Bit.ly in den Twitterfeed integrieren, der das nächste Thema sein wird

4.3 RSS-Feeds einlesen

Ein RSS-Feed (*http://de.wikipedia.org/wiki/RSS*) ist einfach erklärt ein Ticker, der jede Information zum Zeitpunkt der Entstehung auf einer Webseite ausliest und anderen die Möglichkeit gibt, diesen zu abonnieren. RSS-Feeds haben den Vorteil, dass Sie nicht extra auf Webseiten gehen müssen, um zu schauen, ob es etwas Neues gibt, sondern eine Information darüber per Abonnement (als E-Mail, auf der personalisierten Google Startseite oder auch über andere Wege wie z.B. mit Feedreader.com) erhalten.

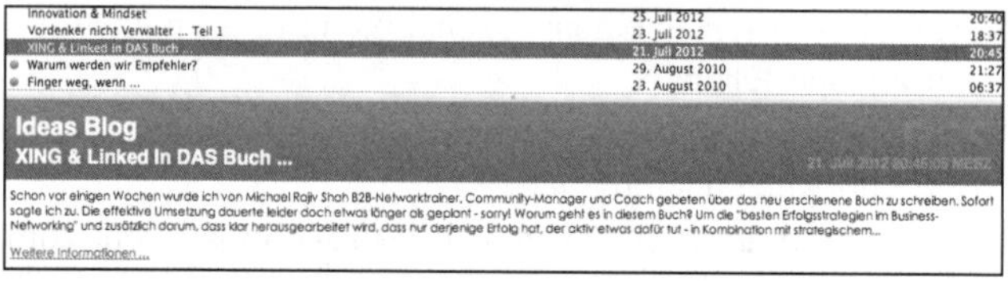

Abbildung 4.6: *RSS-Feed per E-Mail-Abo*

Wenn Inhalte, die von einer Webseite produziert wurden, per RSS-Feed gelesen werden können, dann ist der Schritt dahin, solche RSS-Feeds für Twitter oder andere Netzwerke automatisiert zu übernehmen, recht nahe. Wie gesagt, Automatisierung muss man sich sehr genau überlegen. Dennoch müssen Sie nicht alles händisch betreiben.

4.3.1 Twitterfeed.com

Auch wenn dieses Werkzeug älterer Bauart ist und dadurch zum Einstellen etwas langsam arbeitet, empfehle ich es gern und exemplarisch, weil Sie dort einige Einstellungen vornehmen können, um einen hereinkommenden RSS-Feed zu filtern, sodass die Weiterversendung über Twitter, aber auch andere Netzwerke in editierter Form erfolgen kann. Selbstverständlich können Sie zuvor genannte Kurz-URL-Dienste zu statistischen Zwecken verbinden. Für den @AustrianDesk-Account filtert *http://twitterfeed.com* den Feed der Gruppe nach unterschiedlichen Ein- und Ausgrenzungskriterien heraus. Es entstehen folgende Feeds, die automatisch mit entsprechenden #Hashtags getwittert werden:

- Der Jobfeed (*http://bit.ly/JOBBOERSE_im_AustrianDesk*) filtert alle öffentlich geschriebenen Jobthemen der Gruppe nach Schlüsselwörtern wie Job, Karriere und Beruf aus und verteilt sie mit Hashtags (#Jobs, #Karriere, #Austria) über vier Twitterkonten plus LinkedIn und Facebook.

Abbildung 4.7: *Twitterfeed @twfeed*

- Der Eventfeed filtert alle Postings mit Datumsangabe im Titel.
- Der normale Feed schließt die zuvor herausgefilterten aus, damit keine Dubletten getwittert werden.

4.3.2 dlvr.it @dlvrit

http://dlvr.it ist grundsätzlich ein ähnlicher Dienst wie Twitterfeed. Ich erwähne ihn, weil er in seiner Anwendung eine bessere Performance hat. Das heißt, die Anwendung läuft schneller beim Einstellen und bietet grundsätzlich die gleichen Vorteile wie Twitterfeed.

4.3.3 Feeds über Hootsuite

Wenn Sie kein ganz so ausgeklügeltes RSS-Feedfiltersystem benötigen, dann genügt auch das Hootsuite-Dashboard. Hier haben Sie allerdings nur die Möglichkeit, zusätzlich einen Hashtag oder andere 20 Zeichen voranzustellen.

4.4 Monitoringtools

Monitoring (Beobachten) ist das A und O in Social Media. Ich persönlich verwende das Wort Monitoring in einem erweiterten Kontext:

- beobachten/monitoren, was über Sie geschrieben wird
- beobachten/monitoren, was über Ihre Themen geschrieben wird
- beobachten/monitoren, welchen Verlauf Inhalte nehmen, die Sie geschrieben haben

Logisch, dass sich hier eine Vielzahl unterschiedlicher Werkzeuge entwickelt hat. Ich möchte daher gern ein paar benennen und Sie nochmals auf das gängigste Monitoringtool hinweisen: Google Alerts, *http://www.google.at/alerts*.

Hinweis

Merke: Je größer und mächtiger die Werkzeuge, desto verschwimmender sind die Grenzen und desto schwieriger ist die Zuordnung in einzelne Sparten. In Kapitel 4.9 werden noch weitere Monitoringdienste empfohlen, die das Hauptaugenmerk auf das Followermanagement haben.

4.4.1 Dienste mit reiner Suchfunktion

Nachdem ich mir einige dieser Suchdienste für die Twittersuche angeschaut habe, kann ich nur wenige finden, die mehr leisten als Twitter oder die Dashboardclients Tweetdeck und Hootsuite, denn bei allen können Sie die Suchen dauerhaft und selbstaktualisierend als Stream abspeichern.

Tipp

Hier sei noch mal die Alertfunktion von Tweetdeck erwähnt. Wenn Sie z.B. eine Twittersuche bei Tweetdeck auf Ihre Webseitendomain einstellen und diesem Stream die Option geben, einen Ton auszulösen, bekommen Sie in Echtzeit eine Benachrichtigung. Gleiches können Sie für die @Me-Funktion (Erwähnungen in den unterschiedlichen Timelines), aber auch alle anderen Suchen einstellen.

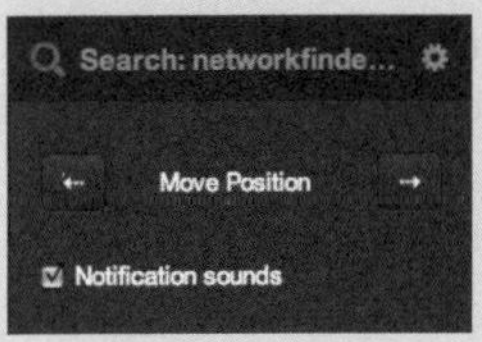

Abbildung 4.8: *Tweetdeck Notification löst einen Klang aus, der Sie benachrichtigt.*

Topsy.com (*http://topsy.com*, @Topsy) ist wie Socialmention.com (*http://socialmention.com*) ein Suchdienst, mit dem Sie ähnlich wie auf Google durch eine ganz einfache Eingabe Erwähnungen in allen sozialen Netzen abgerufen können.

Während Sie bei Socialmention sogenannte „Sentimental"-Analysen (ist die Tonation positiv, neutral oder negativ) und können sich per Alert benachrichtigen lassen. Topsy.com liefert für mein Gefühl bessere Suchergebnisse und eine zusätzliche Analyse der häufigsten Inhalte in den letzten 24 Stunden. Besonders positiv für beide: Sie müssen sich nicht irgendwo anmelden, um die Informationen zu bekommen.

Die Twittersuche finden Sie unter *https://twitter.com/i/#!/search-advanced.*

4.5 Tools zum Kuratieren mit Twitter

Wie schon in Kapitel 3.2.6 beschrieben, agreggieren Kuratierwerkzeuge Informationen auf Basis von #Hashtags, Listen, Timelines, Suchen und/oder einzelnen Follwerer. Diese teilen sich ganz grob in Werkzeuge, die nur Twitter verwenden, und Werkzeuge, die netzwerkübergreifend Inhalte zusammenstellen können.

4.5.1 Kuratieren als Zeitung

Die kuratierten Zeitungen sind umstritten. Manche fühlen sich durch die automatischen Tweets genervt. Am meisten Sinn machen diese Werkzeuge, wenn Sie die selber lesen und zu Basis für Ihre individuellen Tweets machen.

- Paper.li (*http://paper.li*, @smallrivers) stellt Inhalte als Zeitung zusammen. Sie können Ihr eigenes Hintergrundbild dafür verwenden und mehrere Zeitungen mit unterschiedlichen Schwerpunkten über Ihre Twittertimeline versenden. Ein interessanter Networking-Nebeneffekt könnten die Erwähnungen anderer sein, sodass Sie auf sich aufmerksam machen können bzw. eine gewisse Retweetwahrscheinlichkeit für eine solche Zeitung besteht.

Abbildung 4.9: *Tweets des http://bit.ly/PaperLi_fit2twitt-Aggregators*

- Tweetedtimes (*http://tweetedtimes.com*)
- Twylah (*http://www.twylah.com/*, @Twylah)

4.5.2 Kuratieren für Liveveranstaltungen

Wer es noch nicht erlebt hat, dem empfehle ich unbedingt mal eine öffentliche Social-Media-Veranstaltung mit Twitterwall (*http://twitterwall.me*). Aber so weit musste ich gar nicht gehen, um für Sie ein Beispiel zu finden. Erst kürzlich fand eine private Housewarmingparty im Herzen der Wiener Twitteria statt, die zeigt, wie Kuratieren mittels #Hashtags und Twitterwall geht. Unter #hwpaj fanden sich über 50 Twitterati ein und feierten eine öffentliche Onlinerparty, siehe auch *http://bit.ly/Storify_Onlinerparty*.

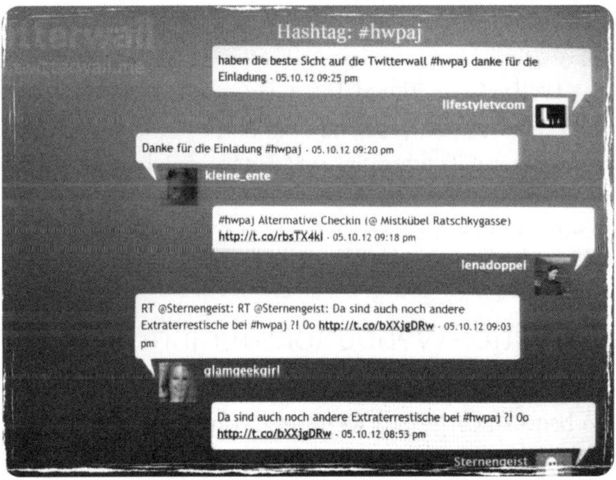

Abbildung 4.10: *Twitterwall einer Onlinerparty, von @glamgeekgirl und @Jhaslauer*

Im Businesskontext können Sie sich das so vorstellen, dass neben oder hinter dem Podium die aktuellen Tweets zum Veranstaltungshashtag angezeigt werden und so eine Interaktion zwischen Vortragenden/Diskutanten,Teilnehmern im Raum, aber auch denjenigen, die die Veranstaltung nur über Twitter verfolgen können, möglich ist. Beim diesjährigen eDay der Wirtschaftskammer in Wien führte es sogar dazu, dass aufgrund einiger Tweets, die das Nichtvorhandensein von Frauen bei der Podiumsdiskussion kritisierten, die Erstzwitscherin @ThalerBarbara spontan auf die Bühne eingeladen wurde (*http://bit.ly/EDAY_Twitterwalleffekt*).

4.5.3 Kuratieren auf Webseiten

- *http://Storify.com* (@storify)
- Twitterwidget, *https://twitter.com/settings/widgets/new*

4.5.4 Twitter als #Hashtag Chat

Im Grunde genommen brauchen Sie dafür keine zusätzliche App, wenn Sie auf Twitter einen Hashtag speichern oder ein Dashboard nutzen, das Ihnen einen kompletten Stream dazu zeigt. Dennoch hier ein kleines Tool dafür, das Sie unter *http://tweetchat.com* finden (@tweetchat).

4.6 Twitter-Webbuttons für Ihre Website

Ich empfehle zwei unterschiedliche Varianten, weil Sie bei Ihrer Website und der Verwendung von unterschiedlichen Social Media immer ein Problem haben. Die Buttons passen nicht wirklich zusammen.

1. Variante 1: Nehmen Sie den Original-Twitterbutton, um etwaige technische Komplikationen zu vermeiden. Dies gilt

auch für alle anderen Anbieter, *https://twitter.com/about/resources/buttons#tweet.*

2. Variante 2: Sie suchen sich einen Anbieter, der Sharebuttons sowohl technisch als auch optisch einheitlich produziert hat, damit Sie jeden Button in der gleichen Optik haben. Fragen Sie dazu Ihren Webmaster. Der wird das für Sie erledigen.
3. Ein paar nicht geprüfte Exoten: *http://www.twitterflash.net, http://www.twitterbuttons.com.*

4.7 Mehr als 140 Zeichen

Da Tweetdeck die Funktion, mehr als 140 Zeichen schreiben zu können, bis zur Übernahme durch Twitter beinhaltete und nun nicht mehr dabei ist, gehe ich davon aus, dass Twitter das Tool *http://www.twitlonger.com* bald vom Markt nehmen wird. Solange das nicht der Fall ist, ist dies eine gute Möglichkeit, längere Artikel zu schreiben.

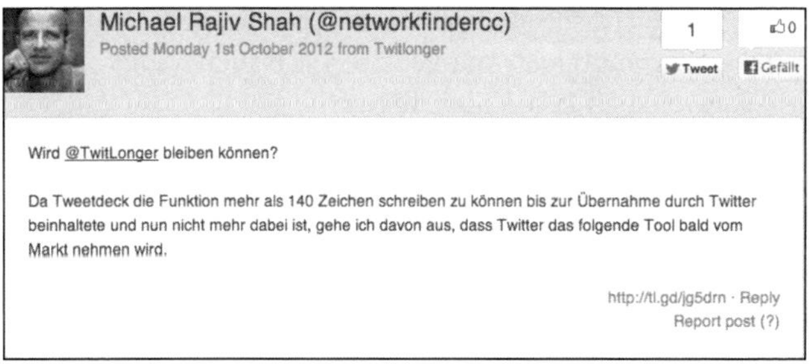

Abbildung 4.11: *@twitlonger ist eine Möglichkeit, längere Texte zu schreiben.*

4.8 Visitenkarten für Twitter und mehr

Wie schon beschrieben, ist es die sinnvollste Variante, Ihre eigene Webseite als Visitenkarte zu nutzen und ggf. für Twitter eine eigene Landingpage einzurichten, mit der Sie Ihre Twitterfollower begrüßen, sobald diese den Weblink zu Ihrer Twitterpräsenz anklicken (siehe *http://bit.ly/twitteressum*). Dennoch kann es zusätzlich eine schöne Variante sein, die Vernetzung innerhalb von Social Media umzusetzen. Hier zwei Beispiele, von denen AboutMe wesentlich mehr Möglichkeiten der Gestaltung bietet:

- *http://about.me*
- *http://twbizcard.com*

4.9 Listen- und Beziehungstools

Wie bereits in Kapitel 3.5.2 besprochen, stellen Listentools eine sehr wertvolle Ergänzung dar, um die Arbeit zur Kategorisierung von Kontakten sinnvoll umsetzen zu können.

- Hootsuite-(Dashboard-)Listen sind per Drag&Drop erstellbar. In der mobilen Variante lassen sich auch Nichtkontakte relativ einfach Listen hinzufügen.
- Tweetdeck-(Dashboard-)Listen sind nicht per Drag&Drop verwendbar. Dafür können Kontakte über diverse Accounts hinweg einfach zusortiert werden.
- *http://icotile.org* – das beste Zusatztool, um Listen leicht über Drag&Drop zu organisieren und editieren, habe ich bereits erläutert,
- *http://conversationlist.com* erstellt eine dynamische Liste von Followern, mit denen Sie kommunizieren bzw. die Sie

erwähnt haben. Sie können die Liste nach Menge und Häufigkeit der Kommunikation anpassen.

- *http://manageflitter.com*, ein ähnliches Tool wie Twitcleaner, allerdings auf das Following fokussiert.

4.9.1 Analyse- und Monitoringtools Ihrer Follower

Das sicher stärkste Follower-, aber auch Monitoringwerkzeug ist *www.SocialBro.com* aus Spanien (@SocialBro).

Was SocialBro so besonders macht? Es deckt das komplette Spektrum von Auswertungsmöglichkeiten rund um bestehende Follower, „Folge ich's" und der Suche nach neuen Followern ab und geht schon in der kostenlosen Variante weit über alles hinaus, was andere Clients, die noch in Kapitel 4.9.1 beschrieben werden, anbieten. Ein komplettes Followermanagement dieser Art allein ist schon von sehr großem Wert:

- Follows
- Unfollows
- Not Refollowing
- Low Followratio
- You aren't following back
- Inactive Followers
- Influential Followers & very Active Friends
- Listenmanagement

Aber die mächtige Twitter-Suchfunktion, mit der Sie Suchergebnisse nach all den hier aufgeführten Kriterien filtern können, verdankt SocialBro diese Besonderheit (siehe *http://www.socialbro.com/features*). Selbstverständlich können Sie auch twittern und optimale Zeiten ermitteln, die Sie als Sahnehäubchen noch mit @Bufferapp zum optimalen Twittertiming verbinden können.

Abbildung 4.12: *Die SocialBro-Suche mit allen Filterkriterien*

Wenn Ihnen diese Funktionsvielfalt für den Anfang zu groß ist, dann ist *www.Crowdbooster.com* zunächst einmal sicher die bessere Wahl. Crowdbooster ist für jeweils einen Twitter-account ein kostenfreier Analyseclient, der auch auf unterschiedliche andere Werkzeuge zugreift, um Sie mit Informationen zum Monitoring (Kapitel 3.1.2) zu versorgen, die für Ihr Followermanagement wichtig sein können. Sie können alle Ansichten auf die vergangene Woche, den Monat, den kompletten Analysezeitraum oder einen individuell festgelegten Zeitraum einstellen:

- Auflistung der Reichweite (Kapitel 3.1.2) grafisch und mit Text
- Followerwachstum seit Anmeldung beim Dienst

Abbildung 4.13: *Crowdbooster-Followerwachstum*

- Übersicht über die reichweitestärksten Accounts, denen Sie folgen
- Übersicht über Ihre Retweets, die retweetenden Personen, Reichweiten, Retweethäufigkeit und Einzeltweetaufstellung je Retweeter
- Empfehlungen, mit welchen Ihrer Neufollower Sie interagieren sollten. Informationen basieren auf dem *http://Klout.com-Ranking*, das in Kapitel 5.3 „Erfolg messen" noch angesprochen wird. Empfehlung, welche Domains Sie am besten twittern sollten
- Empfehlung bzw. Hinterlegung der optimalen Zeit zum Twittern auf Basis der Onlineverfügbarkeit Ihrer Follower
- Und dann können Sie mit Crowdbooster natürlich auch noch zu optimalen Zeiten twittern und Links mit Ihrem eigenen Kurz-URL-Dienst kürzen.

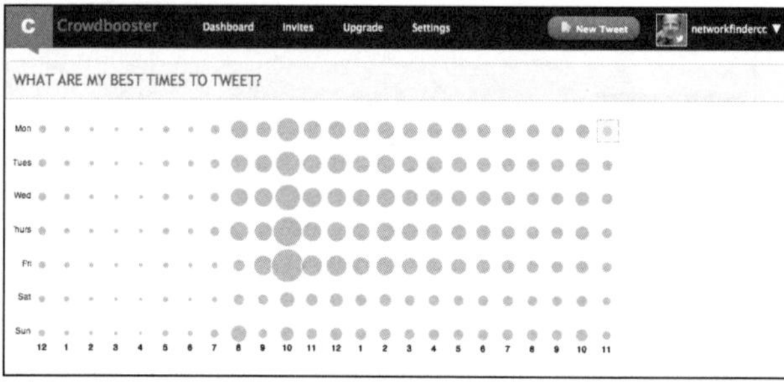

Abbildung 4.14: *Crowdbooster empfiehlt und hinterlegt die optimale Zeit zum Twittern.*

Mehrere Konten vergleichen können Sie in der kostenlosen Variante von @TheCounter (*http://twittercounter.com*). Hier wird die Entwicklung grafisch gegenübergestellt. Gleiche Gegenüberstellungen von Followerentwicklung, Erwähnungen können Sie allerdings nur mit einem kostenpflichtigen Account sehen.

Das Monitoringtool *www.fruji.com* bietet sehr umfassende Statistikdaten und ein eigenes Ranking der Follower nach Wichtigkeit an, wie Sie es in Kapitel 5.3.2 „Rankings" noch kennenlernen werden.

Ein paar weitere Werkzeuge von Spezialisten anbei:

- *http://thetwitcleaner.com* analysiert Ihren Twitteraccount auf die Kommunikationsart derer, denen Sie folgen. Dieses Werkzeug ist recht interessant, um Ihren Account auf BOTS (Roboter), Spammer und überwiegende Applikationsnutzer hin zu überprüfen und aktiv aufzuräumen. Er beachtet auch die zeitlichen Intervalle, die Twitter erlaubt, um Kontakte zu entfolgen.

Summary

35 of the 834 Tweeps you're following are potentially garbage (i.e. 4%)

Type	Count	% of report	% of all
Potentially Dodgy Behaviour	18	51%	2.2%
No Activity In Over A Month	4	11%	0.5%
Not Much Interaction	6	17%	0.7%
All Talk, All The Time	3	9%	0.4%
Little Original Content	2	6%	0.2%
Not So Interesting	2	6%	0.2%

Abbildung 4.15: *Ergebnisliste Twitcleaner.com*

- *http://friendorfollow.com* zeigt vor allem an, wer einem Twitteraccount folgt, wer ihm nicht folgt und wem der Account nicht folgt. Wenn es Ihnen darum gehen sollte, dies nicht nur zu überblicken, sondern tatsächlich aufzuräumen, kostet das Tool 9,99 $ pro Monat.
- *http://twunfollow.com* ist zwar kein Listentool, aber es meldet Ihnen, welche Follower Ihnen wieder entfolgt sind.

4.10 Bilder, Fotodienste und Twitter

Twitter ist grundsätzlich (noch) kein visuelles Social Medium. Allerdings arbeitet Twitter wie gesagt intensivst daran eine komplett eigenständige Social Media Plattform zu werden. dennoch gibt es etliche Dienste, die mit Twitter verbunden sind. Sie können auf Twitter selbst immer auch Fotos hochladen, seit Twitter Photobucket übernommen hat.

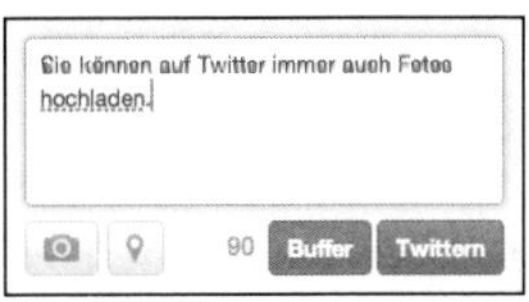

Abbildung 4.16: *Fotoupload bei Twitter*

4.10.1 Twitterhintergrundbilder

Hier gibt es eine ganze Menge unterschiedlicher Tools, um Twitterhintergründe zu gestalten. Meine persönliche Empfehlung für einen professionellen Auftritt ist die Umsetzung Ihrer Corporate Identity als Hintergrund, wie ich es in Kapitel 2.1.3 beschrieben habe. Eine Interessante Möglichkeit möchte ich Ihnen kurz zeigen, mit der Sie Ihr Netzwerk zeigen können. Mit *www.twilk.com* können Sie einen Hintergrund auswählen, der Ihr Netzwerk komplett oder zum Teil abbildet, eine feine Variante für einen neutralen Hintergrund, wie ich finde.

Abbildung 4.17: *@twilk bildet Ihr Netzwerk als Hintergrundbild ab.*

4.10.2 Fotodienste, die Sie mit Twitter verbinden können

Kaum habe ich diese Worte geschrieben, kommt eine Meldung durch den Äther, dass der kürzlich von Facebook gekaufte Fotodienst *http://instagram.com* Twitter im August erstmals in den Zugriffszahlen überholt hat. Insofern macht es auch Sinn, dieses Fototool, das u. a. auch in Hootsuite integriert werden kann, zu erwähnen. Instagram zeichnet sich besonders dadurch aus, dass Nutzer mit ihrem Handy gemachte Fotos direkt bearbeiten und für die Community hochladen. Wie Sie sehen, sind viele dieser Bilder schon kleine „Kunstwerke".

Abbildung 4.18: *Instagram-Fotos*

Fotos können ebenso über andere Dienste wie Pinterest (mit eigener Community wie auch Instagram) oder auch Tweetdeck/Hootsuite (ohne Community) hochgeladen und auf Twitter geteilt werden.

Eine Liste mit 140 Twittertools, *http://bit.ly/140_Twittertools*, stellt *www.Karrierebibel.de* bereit, dort finden Sie noch weitere Tools. Update: *http://bit.ly/99_twittertools_die_noch_gehen*

Eine Liste mit über 700 Twittertools, *http://bit.ly/760_Twittertools*, von *http://thesocialmediaguide.com* sei auch empfohlen. Hier gefällt mir insbesondere die Zuweisung in unterschiedliche Kategorien der Nützlichkeit besser.

Hinweis

Ihre Take-aways:

- Je mehr Listen und abgespeicherte Suchen Sie verwenden, desto wichtiger wird die Nutzung von Dashboards.
- Tweetdeck als Einsteigerversion für Twitter- und Facebook-Privatseitenkommunikation.
- Die @Me-Funktion bei Tweetdeck in Kombination mit der Notification ist ein einmaliger USP des Dashboards.
- Nutzen Sie Hootsuite, sobald Ihre Netzwerke über die rein private Nutzung von Facebook hinausgehen und weitere Social Networks wie LinkedIn, XING, Google+, Instagram eine Rolle spielen.
- Das einfachste Schedulingtool ist die @Bufferapp.
- Kurz-URL-Dienste bieten Trafficanalysen und Individualisierung der Links.
- Der Einsatz von RSS-Feeds zur Automatisierung sollte sehr wohl überdacht sein.
- Mit Listentools vereinfachen Sie Ihr Kontaktmanagement.
- Mit Follower-Monitoringtools bereinigen und überwachen Sie den Aufbau und die qualitative Entwicklung Ihres Twitternetzwerks.

5

Twitteralltag

Der Alltag auf Twitter ist vor allem von Ihren Zielen, der Ihnen zur Verfügung stehenden Zeit und Ihren Internetnutzungsgewohnheiten abhängig. Grundsätzlich könnte man sagen, je mehr Sie von unterwegs (mobil) arbeiten können, desto weniger Arbeitszeit wird Sie Twitter kosten.

Fakt ist: Twitter sowie jeder Netzwerkaufbau kostet Zeit! Ohne Investment werden Sie keine Ziele erreichen können. Je weniger Ressourcen Ihnen zur Verfügung stehen, desto mittel- und langfristiger sind die Erfolge zu erwarten. Zeit ist einer der wichtigsten Erfolgsfaktoren. Je später Sie beginnen, desto später wird sich Erfolg einstellen können.

5.1 Ziele und Strategien

Um eine Strategie zu entwickeln, brauchen Sie mindestens zwei Dinge: eine Zieldefinition und die Feststellung des heutigen Standorts. Die Strategie ist dann, vereinfacht gesagt, der Weg zu Ihrem Ziel oder, anders ausgedrückt, die Lücke zwischen Ist- und Sollzustand.

5.1.1 Den Istzustand herausfinden

Ein paar Fragen, die Sie darin unterstützen werden. Die Fragestellungen gelten in gleichem Maße für Sie persönlich, wie auch das Unternehmen für das Sie Ihren Twitterauftritt planen.

- Wo stehen Sie ?
- Was sind Ihre Kernkompetenzen?
- Wie gut liegt Ihnen Kommunikation mit Menschen?
- Wem im Unternehmen liegt Kommunikation besonders?
- Welche Mitarbeiter im Unternehmen gehen gerne mit Twitter um?
- Gibt es (arbeits-)rechtliche Hintergründe zu beachten?
- Welche internen Betriebsabläufe könnten betroffen sein?
- Wie viel Zeitressourcen stehen Ihnen zur Verfügung?
- Was ist Ihre Vision?
- Welche eigenen Inhalte haben Sie?
- Welche Inhalte möchten Sie vermitteln?
- Wissen Sie, wie Sie an die Inhalte kommen, die ggf. fehlen?
- Wie häufig kommunizieren Sie heute mit Ihren Kunden, Zulieferern, Mitarbeitern?
- Was würden diese Menschen von uns wissen wollen?
- Womit können wir ihnen helfen?

Die Beantwortung dieser Fragen ist so wichtig, weil Social Media ein Transparenzwerkzeug sind. Das bedeutet, in Social Media wird indirekt sichtbar, wenn Sie sich wichtige Fragen nicht beantwortet haben. Bei der Beantwortung dieser Fragen werden Sie feststellen, dass es Ihnen leichter fällt, herauszufinden, welche Dinge Sie nicht haben, statt solche, die bereits zu Ihren Ressourcen zählen. Bitte halten Sie sich nicht mit den Defiziten auf, sonst werden Sie ein Projekt in die Welt bringen, das von Mangel geprägt ist. Schreiben Sie also unbedingt auch alles auf, was Ihnen an positiven Dingen einfällt. Diese müssen nicht unbedingt etwas mit Social Media/Twitter zu tun haben. Um diesen Prozess zu entwickeln und kreativ zu nutzen, ist es fast notwendig, dass Sie unterschiedlichste Personen Ihres Umfeldes bzw. Unternehmens daran beteiligen. Denn nur so können Sie den kreativen Schatz, der oft in anderen Abteilungen verborgen ist, heben.

Tipp

Nutzen Sie am besten eine erfahrene externe Moderation für diesen Prozess, damit Sie sich zu 100 % auf Ihre bzw. die kreativen Potenziale Ihres Unternehmens einlassen können und neue Anstöße finden, wenn das kreative Brainstorming ins Stocken kommen sollte.

5.1.2 Den Sollzustand festlegen

- Was ist Ihr Ziel?
- Was wären die messbaren Ergebnisse?
- Welche (neuen) Zielgruppen möchten Sie erreichen?
- Woran ist Ihre Zielgruppe noch interessiert?

- Worin läge für Ihre Zielgruppe(n) ein echter Mehrwert?
- Welche Probleme möchten Sie für die Zielgruppe lösen?
- Welches Profil wollen Sie haben?
- Welche Werte werden Sie leben und durchhalten?
- Woran merken Außenstehende, wofür Sie stehen?
- Welche Ressourcen werden benötigt?

5.1.3 Die Strategie aus diesen Fragestellungen ableiten

Im Buch „Die besten Erfolgsstrategien im Business-Networking mit XING & LinkedIn" von Isabella Mader und mir finden Sie auf den Seiten 74 bis 79 und 111 bis 118 eine genaue Anleitung zur Strategieentwicklung. Die Zusammenfassung von Isabella Mader @othertwice hier als Screenshot:

IST	GAP	SOLL
- Probleme	Was fehlt?	Ziele
+ Stärken, Vorteile	Was wird gebraucht?	messbare Ergebnisse
Welche Kunden haben wir?	Was ist zu tun?	Welche (neuen) Märkte/ Zielgruppen wollen wir erreichen?
Welches Profil haben wir?	Welche Maßnahmen wählen Sie daher aus der Toolbox dieses Buchs?	Welches Profil wollen wir haben?
welche Werte haben wir?		Wie werden wir unsere Werte leben und durchhalten?
Wie leben wir diese Werte im betrieblichen Alltag?		Woran merken unsere Kunden, wofür wir stehen?
Welche (personellen) Ressourcen haben wir?		Welche (personellen) Ressourcen brauchen wir?

Abbildung 5.1: *Zusammenfassung der Strategiefindung von Isabella Mader*

5.1.4 Beispiele für Strategien

@Dell und @SoftwareAG habe ich als Beispiele für erfolgreiche Multichannelstrategien schon genannt, ebenso @Twit_Ski als eine Mischung aus der Verbindung von Reallife-Events,

Echtzeitberichterstattung mit Sponsoringelementen als Best Practice aus der Tourismusbranche. @Malerdeck steht für die erfolgreiche Kundengewinnung eines Handwerks- und Franchiseunternehmens.

Die Kunstfigur @GinoCultura ist für mich ein besonderes Beispiel aus der Kreativbranche. Die Person dahinter ist leicht herauszufinden, aber ich möchte, dass Sie sich den Account einfach mal anschauen, um ein Gespür dafür zu bekommen, warum ich ihn für Sie ausgewählt habe. Den Erfolg der Kunstfigur macht nämlich u. a. diese Unklarheit, wer denn @GinoCultura mit der Vielzahl der „geklopften“ Sprüche tatsächlich ist, aus. Warum Erfolg? Der Macher ist Texter und Kreativkopf einer Marketingagentur. Mit @GinoCultura kann er nicht nur seiner Kreativität freien Lauf lassen und damit zeigen, was eine seiner Kernkompetenzen als Kreativtexter ausmacht, sondern zugleich sein gleichnamiges Kabarettprogramm promoten.

Sie können hier gleich mehrere richtig beantwortete Fragen aus den Zielen vorfinden!

5.1.5 Twitter als Supportkanal

Wenn Sie als Antwort, was Sie oder Ihr Unternehmen ausmacht, „Service“ genannt haben, dann sind Sie, soweit Ihre Zielgruppe auf Twitter ist, sehr richtig. Sie wissen ja, wie nervig lange Wartezeiten an Telefonhotlines sind. Stellen Sie sich mal vor, Ihre Klientel wäre auf Twitter und Sie könnten dieser einen speziellen Support oder eine spezielle Problemlösung bieten. Das wohl bekannteste Beispiel im deutschsprachigen Raum ist die Deutsche Telekom. Ja, Sie lesen richtig. Unter @Telekom_hilft finden Sie eine der interessantesten Hotlinelösungen der Social-Media-Welt. Auch wenn die Telekom natürlich ein großer Konzern ist, so lässt sich die Idee auf jeden Fall auch auf kleine Unternehmen herunterbrechen.

Erst kürzlich bekam ich direkt nach einer Anmeldung bei einem Serviceanbieter, den ich für dieses Buch getestet habe, eine Nachricht über Twitter mit einem Upgrade, das ich aufgrund einer Tagesaktion erhielt. Logisch, dass ich diese Servicementalität gutheiße und öffentlich zum Thema *http://bit.ly/SoMe_Monitoring* gebloggt habe.

Abbildung 5.2: *Service auf Twitter für das Twitteranalysetool www.Fruji.com*

5.1.6 Twitter zum Contentmarketing, Branding und als Trafficerzeuger

Das Wichtigste für Trafficerzeugung ist guter Content. Hier möchte ich gerne @wds7 aus zwei Gründen erwähnen. Die Social-Media-Beraterin Natascha Ljubic (besonders spezialisiert auf Google+) lebt par excellence vor, wie drei Elemente in Social Media vereint werden:

- Networking und Interaktion mit Followern (Social-Media-Rituale)
- Mischung aus eigenem und überwiegend fremdem Content
- das richtige Timing, weil man Follower zu unterschiedlichen Zeiten erreicht

Zum anderen beherrscht Natascha das Thema Zeitmanagement und das Twittern mit unterschiedlichsten Clients hervorragend. Sie können sich die Ergebnisse, die über die Menge der Tweets beachtlich ist, in dem öffentlich zugänglichen Kurz-URL-Dienst-Konto anschauen. Aber, Achtung, für so ein Pensum an Contentarbeit brauchen Sie unbedingt ein Zeitmanagement und gute Inhalte (*http://bitly.com/u/wds7*)!

5.1.7 Twitter zur proaktiven Vorbeugung von Agitation

Die Geschichte des „Fakeaccounts des österreichischen Bundeskanzlers" zeigt, wie wichtig ein professionelles Social-Media-Konzept für Unternehmen, Celebrities, aber auch Politiker und Persönlichkeiten des öffentlichen Lebens ist. Social Media decken gnadenlos auf, wenn es Schwächen geben sollte, weil Social Media Transparenz erzeugen und bedeuten. Sie werden an diesem Beispiel unschwer erkennen können, warum die Aussage „Es ist nicht die Frage, OB Sie an Social Media teilnehmen, sondern, WIE Sie es machen" eine neue Dimension erhält.

Der Twitteraccount @Werner mann hat dadurch Berühmtheit erlangt, dass er mit dem ähnlich klingenden Namen – der österreichische Bundeskanzler heißt Werner mann – eine enorme politische und Medienpräsenz erlangen konnte, die ohne Twitter nicht möglich gewesen wäre. (FAIL bedeutet in der Twittersprache Fehler, nicht bestanden, durchgefallen.) Der Account ist unter den Top-20-Accounts in Österreich und genießt eine unglaubliche Beachtung unter der twitternden Politteria Österreichs (*https://twitter.com/i/#!/AustrianDesk/ad-tractive-politics/members*).

5.2 Zeitmanagement

Die wichtigste Ressource, die Sie brauchen, ist Zeit. Social Media mal so eben nebenbei zu machen geht selten erfolgreich und schon gar nicht, wenn Sie ein größeres Unternehmen repräsentieren. Im Buch „Social Comm" von Andrea Zajicek @social_comm gibt es eine ganz einfache Idee, um sich Zeit zu schaffen. Wie viele Meetings besuchen Sie jede Woche, die im Grunde genommen Zeitfresser ohne viel Output sind? Streichen Sie eines je Woche und Sie haben Ihre ersten zwei bis drei Stunden gewonnen. Eine weitere Idee habe ich schon genannt. Nutzen Sie Twitter mobil! Alles Weitere wird sich aufgrund der von Ihnen gesetzten Prioritäten ergeben.

Sie werden langsam in das Thema hineinwachsen, wenn Sie Ihren Tagesablauf so gestalten, dass Social Media einen festen Bestandteil darin einnimmt. Aber wenn Sie Ihren Tagesablauf so gestalte, dann planen Sie das doch mit ein, oder? Einer meiner ersten Vertriebstrainer hat mich gelehrt, dass das, was nicht in meinem Kalender steht, auch nicht stattfinden wird.

Wenn Sie Twitter als Team für sich erobern, umso besser. Mit einem Client wie HootsuitePro können Sie wunderbar zu mehreren arbeiten und Tools verwenden, die über den Tagesverlauf Informationen senden, sodass Sie sich über den Tag hinweg lediglich mit Kommunikation zu beschäftigen brauchen.

5.2.1 Die sieben Phasen des Twitterati

1. Phase (Der Anfang): Aller Anfang ist schwer. Wie gesagt, bei mir dauerte es über ein Jahr, bis ich zu erkennen begann, was Twitter wirklich für mich und mein Netzwerk tun kann. Diese erste Phase war vor allem durch weitestgehende Automation der Information gekennzeichnet: RSS-

Feeds auf Twitter automatisch einlesen und von dort in andere Netzwerke weiterleiten. Damals verwendete ich kein persönliches Profilbild, sondern mein Unternehmenslogo (Ironiemodus: weil ich ja berufliche Ziele hatte).

2. Phase (Der Push von außen): Mein Geschäftspartner und Buchautor von „XING für Einsteiger" Heinz W. Warnemann @Netzwerkpilot überzeugte mich von den eigentlichen Dingen, die auf Twitter möglich sind. Vielleicht ist es für Sie dieses Buch!?
3. Phase (Die Twittersprache): Erst als ich begann, mein Handy, das ich bis dahin bewusst nicht mit einem Internetvertrag ausgestattet hatte, zum Twittern zu nutzen, kam der eigentliche Durchbruch, was auch zum Anwachsen meiner Followerzahlen führte. Bis dahin folgte ich nur Twitterati, die ich persönlich kannte.
4. Phase (Suchen, Kategorisieren): Erst mit dem konsequenten Listenmanagement und Themensuchen fand ich die Inhalte, die wirklich interessant zum Weiterleiten sind.
5. Phase (Themenkonten): Mit der Eröffnung unterschiedlicher Kanäle für unterschiedliche Themen und Zielgruppen wurde es mir möglich, anderen ein klares Bild von dem zu geben, für welche Inhalte und für welche Werte mein Unternehmen und ich stehen. Die Übersicht *http://bit.ly/finderversum* wurde zur zentralen Anlaufstelle (Landingpage), damit interessierte Follower schauen können, worum es mir geht.
6. Phase (Reallife): Das, was schon auf XING zum eigentlichen Motor für unternehmerischen Erfolg führte, wurde auch auf Twitter zum eigentlichen Turbo. Auf Konferenzen mitzutwittern und in Reallife-Events getwittert zu werden

führte zur eigentlichen Wahrnehmung und letztendlich neben Aufträgen auch zu zwei Büchern.

7. Phase (Cross-Media-Communication): Jeder Kanal braucht seine eigenen Inhalte. Inhalte auf Twitter bei Nahestehenden und wertvollen Informationsträgern finden und diese per Networking da, wo sich das jeweils interessierte Netzwerk befindet, twittern, facebooken, xingen, pinnen, linkedinnen.

5.2.2 Was gibt es alltäglich zu tun?

Hier nur beispielhaft und komprimiert ein paar Möglichkeiten, was Sie in Ihren Twitteralltag einbauen könnten:

1. Sie haben ein Netzwerk, also könnten Sie bestimmten Leuten Guten Tag sagen.
2. Neue Followerprofile anschauen, entscheiden, ob Sie zurückfolgen (ggf. crowdbooster.com oder Fruji.com einsetzen), und zur Zeitersparnis möglichst mehrere in einem Tweet begrüßen, ggf. mit einem Link zu Ihrer Twitter-Landingpage (wegen internationaler Follower vielleicht zweisprachig gestalten)
3. Follower über Listen kategorisieren
4. Follower über #Hashtagthemen suchen (ggf. auf Ihre Region einschränken) und ihnen folgen, wenn die inhaltlichen Ergebnisse interessant für Sie sind.
5. Aktuelle Nachrichten zu Ihrem Thema mit #Hashtags twittern, wenn Sie diese gefunden haben. Geben Sie möglichst kurz Ihren eigenen „Senf" dazu, um Ihre Sicht zum jeweiligen Thema herauszustellen.
6. Um diese zu verschiedenen Zeiten zu twittern, sollten Sie an Tools wie Hootsuite (hootlet-browserapp/buffer-brow-

serapp) denken, um Follower zu unterschiedlichen Zeiten zu erreichen.

7. Tweetdeck einsetzen, um über die @ME-Funktion im Browser benachrichtigt zu werden, wenn es aktuelle Antworten auf Ihre Tweets, Retweets oder Erwähnungen Ihres Accounts bzw. Shares von Ihrer Webseite gibt.
8. Interaktionen mit anderen intelligent beantworten. Das muss nicht unbedingt zeitaktuell sein, es sei denn, Sie arbeiten auf Basis einer Strategie, bei der es um Kundensupport geht. Da ist Zeitnähe der entscheidende Faktor für Ihren Erfolg!
9. Wenn Rankingpositionen ein Teil Ihres Brandings sind, dann nehmen Sie an solchen teil, die Interaktion ermöglichen. Klout.com stellt Ihnen täglich bis zu zehn Empfehlungen zur Verfügung. Tweetranking ermöglicht Empfehlungen in Kategorien.

5.2.3 Was gibt es Wiederkehrendes zu tun

1. #FollowFriday an Freitagen. Hier eignet sich neben FollowFriday.com auch Crowdbooster.com recht gut.
2. Followerhygiene. Befreiung von BOTS, Spammern und inaktiven Accounts (twitcleaner.com, SocialBro.com) in selbst festgelegten Rhythmen. Bereinigung von Listen (icotile.org)

5.2.4 Unregelmäßig, aber bitte wiederkehrend

1. Besuchen Sie *http://twittagessen.com* in Ihrer Region oder initiieren Sie selbst eines, um sich in Ihrer Region mit interessanten Menschen zu vernetzen.

2. Besuchen Sie Konferenzen, wo Sie mit anderen Twitterati live twittern und, noch wichtiger, live kommunizieren können.

5.3 Erfolg messen

Egal wie Ihre Phasen verlaufen werden, wenn Sie eine Strategie entwickelt haben, macht es Sinn, sich Ziele zu setzen, an denen sich Ihre Ergebnisse messen lassen können. Die Messungen, die Sie vornehmen, bringen natürlich nur dann etwas, wenn Ihre Ziele in diese Richtung gehen.

Zur Messung haben Sie schon diverse Werkzeuge angerissen bekommen, daher jetzt eine genaue Benennung verschiedener Metriken, die Sie auslesen (lassen) können, und zugehörige Werkzeuge noch einmal an dieser Stelle:

- Followeranzahl und -wachstum (Twittercounter.com, Fruji.com, Crowdbooster.com, SocialBro.com)
- Einfluss Ihrer Follower, sprich wie groß ist deren Reichweite, aber auch Sichtbarkeit (Rankingtools Klout.com, Peerindex.com, Fruji.com, Crowdbooster.com)
- Interaktion mit anderen Followern (siehe #Followfriday, Crwodbooster.com, Fruji.com)
- Reichweiten Ihrer Hashtags oder Tweets eines Themas (Tweetreach.com)
- Anzahl der Listen, in denen Sie aufgeführt werden (Klout.com)
- Traffic auf Ihrer Webseite (Google Analytics, Bit.ly, Hootsuite.com)
- Messen Sie daraus resultierende Leads, Newsletterabos, Anfragen, Käufe

5.3.1 Reichweite

Die theoretische Reichweite ist die Anzahl Ihrer Follower. Sie erweitert sich durch die Reichweiten derer, die Ihre Tweets weiterleiten. In der Fachsprache wird die theoretische Reichweite in „Impressions“ gemessen. Die Impression ist die einfache Addition Ihrer und der Follower Ihrer Retweeter. Diese Impressions Ihrer Retweeter können Sie besonders gut mit *www.crowdbooster.com* messen.

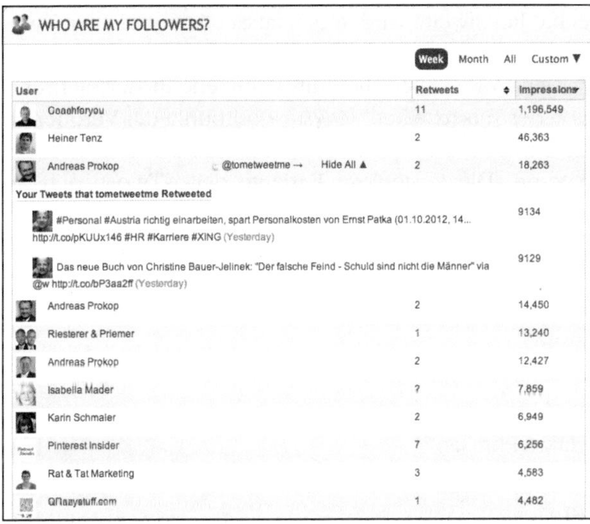

Abbildung 5.3: *Crowdbooster zeigt Impressions und Einzeltweets Ihrer Retweeter.*

Achtung

Bitte lassen Sie sich niemals von Followerzahlen bzw. Reichweiten blenden. Die Reichweite ist nur eine theoretische Addition aller Follower, also rein rechnerische Werte, die nichts über tatsächliche Leser aussagen. Allein im @AustrianDesk-Konto (1648 Follower) sind 23 % aller Follower seit über drei Monaten inaktiv.

Die echte Reichweite wird in den tatsächlich erreichten Twitterkonten gemessen, die das Tool *http://Tweetreach.com* misst. Der große Unterschied im kommenden Beispiel rührt u.a. von der Tatsache her, dass zum Zeitpunkt der Veröffentlichung nicht jeder der Follower online ist und den Retweet lesen kann. Die kostenlose Variante der @Tweetreachapp misst maximal 50 Tweets unterschiedlicher Inhalte und kommt am Beispiel des #fitt2witt-Hashtags auf eine tatsächliche Sichtbarkeit von „nur" knapp 16 % des theoretischen Reichweitenwertes des beigefügten Beispiels mit 881 k „exposure".

- @Twitteraccounts
- #Hashtag
- „exakte Phrasen"
- Tweettext
- URLs

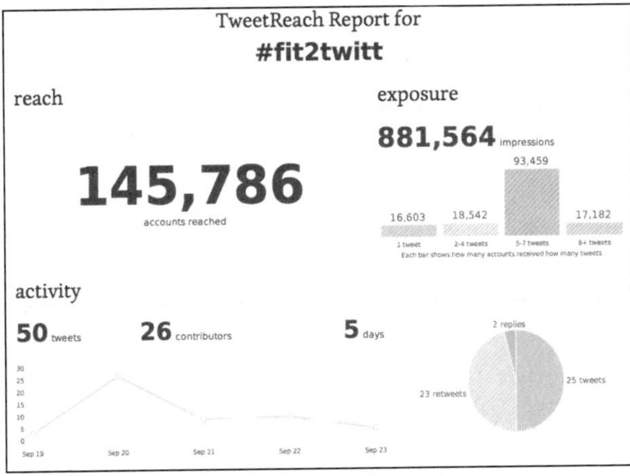

Abbildung 5.4: *Tweetreach-Report des #fit2twitt-Hashtags*

5.3.2 Twitter und Social-Media-Rankings

Ein ganz heißes Eisen. Die Daten, die Sie mit öffentlichen Twitteraccounts erzeugen, sind für alle einsehbar und über die Twitter-API abrufbar, sodass daraus alles errechnet werden kann, was die Algorithmen der Rankinghersteller hergeben. Die Ergebnisse, die daraus ermittelt werden, weichen zum Teil enorm voneinander ab. Der Grund dafür liegt in unterschiedlichen Gewichtungen. Ein paar Rankings, die hauptsächlich auf durchschaubaren Metriken resultieren, haben wir schon besprochen: *www.followfriday.com* (auf #FF-Basis), *http://www.twem.de/~charts* (auf Followerbasis), *www.socialmedia-radar.at* (auf Followerbasis), *www.tweetranking.com* (auf Empfehlungsbasis). Die nun folgenden sind mittlerweile bei Bewerbungen – insbesondere im angelsächsischen Raum –

zum Teil mitentscheidend über Führungspositionen (siehe *http://bit.ly/Klout_Zeit*).

Achtung

Die wichtigste Entscheidung für Sie bei allen anderen Tools, bei denen aus unterschiedlichen Werten ein Ranking für Ihre Social-Media-Aktivitäten erstellt wird, ist, ob Sie daran teilnehmen oder nicht.

Wenn ja, dann tun Sie es aktiv und gestalten Sie Ihre Reputation aktiv. Verschaffen Sie sich zumindest einen Überblick, denn es kann auch sein, dass es für Sie ein wertvolles Branding ergeben kann. Wenn nein, dann melden Sie sich von den Diensten ab, damit kein Bild von Ihnen entsteht, das Sie nicht haben möchten.

Abmeldungsmöglichkeiten: @Klout: *http://bit.ly/Klout_opt_out*, @Peerindex: Account wird automatisch erstellt. Abmeldung nur nach Einloggen über den Twitteraccount in den Settings möglich.

Das Kloutranking

Hier können Sie Twitter, Facebook (pers./Page), Google+, LinkedIn, Foursquare, YouTube, Blogger, Tumblr, Wordpress, Last.fm und Flickr integrieren. Gemessen werden Reichweiten (Follower/Freunde/Fans), Listenzugehörigkeiten, Retweets, Shares und Wallpostings, Kontakte und Recommendations (LinkedIn), Tipps (Foursquare), Kloutempfehlungen. Für die Kloutempfehlungen ist es wichtig, dass Sie Ihre Themen, zu denen Sie Empfehlungen bekommen können, selbst steuern. So geht es: *http://bit.ly/*

edit_Klouttopics. Ein gut geführter Twitteraccount ohne Anschluss an andere Netzwerke erreicht durchschnittlich einen Score zwischen 40 bis 55. Klout können Sie zusätzlich über eine Browserapplikation installieren, sodass Sie in der Twitterwebanwendung auch die Kloutscores Ihrer Follower sehen.

Achtung

Besonders Klout macht sichtbar, dass Reichweiten lediglich als ein optisches Mittel zum Beeindrucken auf der Oberfläche dienen. Allein schon deswegen ist es interessant, über dieses Tool zu beobachten, damit Sie nicht dem Followerwahn verfallen, sondern ganz einfach das tun, was für die Interaktion für Ihr Thema und Ihre Ziele geeignet ist. Die folgenden Beispiele von ein paar im Buch genannten Twitterati zeigen ganz klar, dass es zumindest nicht nur auf die Followeranzahl ankommt. Denn selbst der frische @fit_2_twitt-Account mit nur 32 Followern hat mit Score 42 eine recht gute Bewertung!

Twitterati	Kloutscore	Follower	Tweets seit Accountgründung
@CoachForYou	70	108.846	50 pro Tag
@wds7	62	6.900	31 pro Tag
@glamgeekgirl	57	1.469	19 pro Tag
@SocialBro	61	96.694	17 pro Tag
@OliverG	67	5.359	12 pro Tag
@AminWolff	68	60.286	10 pro Tag
@networkfindercc	72	2.015	10 pro Tag
@ideafinder	50	247	5 pro Tag
@Netzwerkpilot	57	1.312	4 pro Tag
@fit_2_twitt	42	32	<1 pro Tag

Für dieses Buch habe ich auch bei Peerindex meinen sowieso automatisch geführten Account angelegt und mit anderen Konten vernetzt. Es zeigt, wie unterschiedlich die Bemessungsgrundlagen dieser Rankingwerkzeuge sind. Mein Peerindex beträgt 58. Auch hier gilt es, die Themen, unter denen Sie gelistet werden, aktiv zu steuern. Diese werden im Gegensatz zu Klout automatisch hinzugefügt und sind nur lösch-, aber nicht editierbar.

Hinweis

Ihre Take-aways

- Die Strategie macht die notwendigen Schritte vom Istzustand zum Sollzustand aus.
- Lassen Sie die Strategieprozesse von einem Dritten moderieren.
- Für Kundenservice und Branding ist Twitter eine der Social-Media-Nischen.
- Ohne Zeitplanung werden Social Media an Ihnen vorbeigehen.
- Um die Zielerreichung beurteilen zu können, sollten Sie Ergebnisse messen.

Und jetzt wünsche ich Ihnen viel Spaß beim Umsetzen. Und wenn Sie Fragen haben, Sie wissen ja, wo Sie mich finden: @networkfindercc und @fit_2_twitt

Stichwortverzeichnis

Symbole

A

B

C

D

E

T

U

V

W

X

Z